Zuhause in Pillkallen

Die Autorin Hildegard Rauschenbach als Kind

OSTPREUSSISCHES MOSAIK

Hildegard Rauschenbach

Zuhause in Pillkallen

Dorfgeschichten erlebt in Ostpreußen

illustriert
von
Sigrid Lankau-Kubitz

VERLAG RAUTENBERG · LEER

Das Foto für den Schutzumschlag stellte uns Michael Welder, Forchheim, zur Verfügung. Alle Illustrationen im Buch stammen von Sigrid Lankau-Kubitz. Die Fotos stellte uns die Autorin zur Verfügung.

CIP-Titelaufnahme der Deutschen Bibliothek
Rauschenbach, Hildegard:
Zuhause in Pillkallen:
Dorfgeschichten erlebt in Ostpreußen/
Hildegard Rauschenbach. Ill. von Sigrid Lankau-Kubitz.
Leer: Rautenberg, 1988
ISBN 3-7921-0372-9

3. Auflage 1994
Gesamtherstellung: Druckerei G. Rautenberg, Leer

ISBN 3-7921-0372-9

Inhaltsverzeichnis

Einleitung

Nach meinem Buch „Lager 6437 — Ich war verschleppt nach Sibirien“, in dem ich über die schwersten Jahre meines Lebens berichtet habe, soll nun mein Sohn und meine Leser auch von glücklichen Jahren, von meiner Kindheit und Jugend in Ostpreußen erfahren.

Ursprünglich sollte der Titel „Zuhause in Dickschen“ heißen, aber dann wählte ich meine Kreisstadt Pillkallen. Diese kleine Stadt mit den vier „L“ ist vielen Menschen weitaus bekannter, als mein kleines Dorf Dickschen. Und viele kennen inzwischen das nahrhafte Getränk mit der Scheibe Leberwurst auf Korn, den guten „Pillkaller“. So bezeichne ich mich auch stets als Pillkallerin, wenn ich nach meiner Herkunft gefragt werde.

„Zuhause in Pillkallen“ habe ich mein Buch genannt. Ich sage noch heute — nach 44 Jahren — „Zuhause“, wenn ich mein Elternhaus meine. Redewendungen wie „Zuhause sind wir ...“, „Zuhause haben wir ...“, „Zuhause machten wir“, und schließlich „Schmeckt wie Zuhause“, sind mir zur lieben Gewohnheit geworden.

Und wenn ich an Dickschen denke, so birgt für mich der Name die Erlebnisse meiner Kindheit, birgt Erinnerungen an Gehöfte, an Menschen die dort wohnten, an heiße Sommertage mit tosenden Gewittern, an kalte Winter mit meterhohen Schneeverwehungen, an tiefe Wälder in denen wir Blaubeeren und Pilze sammelten, an ausgefahrene Feldwege durch goldgelbe Roggenfelder, an dessen Rand Korn- und Mohnblumen zum Sträußepflücken einluden, an die geliebte Szeszuppe und das geheimnisvolle Hochmoor. Mein ¾stündiger Schulweg wird unvergessen bleiben, ebenso Pötschats Wäldchen, in dem ich die herrlichsten Erdbeeren und Himbeeren sammelte.

Schließlich ist da mein Elternhaus, das ich im Traum immer und immer wieder besuche, und ich weiß dabei, daß es nicht mehr uns gehört.

Der mächtige Weidenbaum, ob er noch an der Toreinfahrt steht? Quarren noch die Poggen im Teich am Schauer? Die Lindenhecke mit der Laube, in der ich einst mein Osternest fand, ist sie abgeholzt oder gar ein kleiner Wald geworden? Es sind oft quälende Fragen, die mir niemand beantworten kann, und so habe ich alles gespeichert, wie es früher zu Hause war. Unsere Anschrift lautete: Dickschen, Post Ußballen, Kreis Pillkallen. 1938 wurden die Namen umbenannt, „eingedeutscht“

wurde dazu gesagt, und unser Dorf hieß dann „Lindbach“, aber mir sind die alten Namen liebenswerter und geläufiger.

Blickte man von unserem Hof in die Runde, sah man sich an drei Seiten von Wald umgeben. Im Süden war der Ußballer Forst mit dem angrenzenden Hochmoor, der „Kacksche Balis“, im Osten der Beinigkehmer Forst, der sich beinahe bis Lasdehnen ausdehnte, und im Norden, etwa einhundert Meter von unserem Hof entfernt, lag „Pötschats Wäldchen“, hinter dem zwischen Wiesen die Szeszuppe der Memel zufloß. Auf der anderen Seite der Szeszuppe fing der große Trappöner Forst an, der, von schnurgeraden Gestellen durchzogen, sich in sieben Kilometer Breite bis zur Memel hinzog. Nach Westen hin ging der Blick über weites, flaches Land mit fruchtbarer schwarzer Erde bis zum Horizont. Von tiefem Blau, mit schneeweißen Wolken dekoriert, wölbte sich der mir so unwahrscheinlich hoch erscheinende Himmel darüber. Ich habe in all den späteren Jahren keinen Himmel gesehen, der sich mit der Schönheit des ostpreußischen messen konnte. Wie oft hatte ich mit meiner Freundin Irmchen, deren Eltern unsere nächsten Nachbarn waren, an schönen Sommerabenden auf der Wiese des Roßgartens gesessen und dem wechselnden Farbenspiel der untergehenden Sonne zugesehen. „Wo ist der Himmel am schönsten“ nannten wir unser Spiel.

Zu unserem Hof gehörten vierzig Morgen Land. Gewiß war es ein kleines Anwesen, aber der Boden war ertragreich, meine Eltern verstanden zu wirtschaften, und der Hof ernährte uns alle: Vater, Mutter, meine Großeltern, die bis zu ihrem Tod bei uns auf Altenteil lebten, meine Brüder Werner und Alfred und mich.

Meine Tante, Mutters Schwester, wohnte auch bei uns, aß mit uns, ansonsten war sie unabhängig von uns, sie war Schneiderin.

Die nachfolgenden Seiten erzählen von meinen Erlebnissen im verträumt zwischen Szeszuppe und Wald liegenden Dorf Dickschen, wo ich mich glücklich fühlte, wo ich zur Schule ging, wo ich im Frühjahr am Waldrand Leberblümchen pflückte, wo ich — aber das kann man alles nachlesen.

Und vielleicht sagt manch einer: „Ja — so war‘s!“

Ich bin zu Hause in Pillkallen

„Pillkallen". —
Das Wort zergeht mir auf der Zunge wie Schmand!
Pillkallen, du kleine Stadt im Heimatland. —
Es gab so viele die dich kannten
und gerne deinen Namen nannten.
Du bargst vier „L" in deinem Wort
und warst daher der einzige Ort
im ganzen Deutschen Land,
in dem man die vier Konsonanten fand.
Und dann hießt du „Schloßberg",
als Kind fand ich's schön;
doch heute kann ich das gar nicht verstehn.
Wenn ich sage „Mein liebes Pillkallen"
— ich kann mir nicht helfen, das tut mir besser gefallen!
Und wer mich heut' nach der Herkunft tut fragen,
dem antworte stets ich mit großem Behagen
und verkünde mit Stolz es Allen:
„Ich komme aus Ostpreußen, aus dem Kreise Pillkallen"!

Ich bin klein, mein Herz ist rein . . .

„Na, da haben wir ja die Prinzessin", soll die Hebamme, Frau Kairies, gesagt haben, als ich das Licht der Welt erblickte. Mein Bruder Alfred war da allerdings anderer Ansicht und nicht begeistert von der Ankunft einer Schwester. „Wo is meine Flint", rief er, entschlossen, mich umzulegen, anstatt mich brüderlich an sein Herz zu drücken.

Als meine Mutter vor meiner Geburt meine Brüder schonend darauf vorbereitet hatte, daß sie vielleicht ein Schwesterchen bekommen würden, hatte Alfred mit tiefer, grollender Stimme gesagt: „Die schieß ich doot!"

Er hatte zu seinem vierjährigen Geburtstag ein kleines Holzgewehr geschenkt bekommen, mit einem Korken als Munition. Zum „Poggenschießen" hatte er es sich gewünscht. Entsprach seiner Vorstellung nach die kleine Schwester etwa einem Frosch?

Meine früheste Erinnerung geht dahin zurück, daß ich unsere „Bella", die unser damaliger Hofhund weiblichen Geschlechts war, mit allen Dingen versorgte, die meiner Meinung nach für sie notwendig war: Vom Schnuller bis zu meiner rotblau gemusterten kleinen Strickjacke schleppte ich ihr alles an. Leider verschmähte sie das meiste, aber über meinen Besuch hat sie sich immer sehr gefreut, was sie durch Schwanzwedeln und Abschlecken meines Gesichts zum Ausdruck brachte.

Dunkel erinnere ich mich noch an die Fahrt mit dem „Bullerwagen“ und an die Worte meiner Brüder: „Hildchen, komm Bullerwagen fahren!“

Nichts anderes, als die gute, alte Holzwiege, in der meine beiden Brüder und ich einst in den Schlaf gewiegt wurden, war das urige Gefährt, das nun wohl nicht mehr seinen eigentlichen Zweck erfüllen sollte. Vater hatte tellergroße Holzscheiben, die er von einem Baumstamm abgesägt hatte, als Räder angebracht, so war die Wiege zum Bullerwagen umfunktioniert.

Meine Brüder rannten, den Wagen hinter sich herziehend, über den unebenen Hof, und der Wagen polterte und bullerte mit einem Mordskrach hinterher. Krampfhaft hielt ich mich mit den kleinen Händchen an der Seitenwand fest und wurde so durchgeschüttelt, daß ich schon nach kurzer Zeit mit weinerlicher Stimme rief: „Ich will wiede haus!“ Was mich aber nicht davon abhielt, das nächste mal wieder in den Wagen zu steigen, wenn es hieß „Hildchen, komm Bullerwagen fahren“.

Ich weiß auch noch von meinem „Szukuttes“. Das Wort stammt aus der litauischen Sprache, und die richtige Übersetzung könnte dafür „Laufbügel“ sein; darin habe ich nämlich laufen gelernt. Nicht, daß ich mich nun daran erinnern könnte wie ich laufen gelernt habe, nein. Es muß etwa zwei Jahre später gewesen sein, als dieses Ding plötzlich bei Oma und Opa im Zimmer stand: Eine lange senkrecht stehende Stange, die oben am Deckenbalken und unten im Boden mit einem in die Stange geschlagenen Eisendorn befestigt war, und in Bauchhöhe eines Kleinkindes befand sich ein runder Holzbügel. Ich zwängte mich in den Bügel und lief, mit der sich drehenden Stange, immer im Kreis herum, jauchzte und quiekte schrill vor Vergnügen.

Zu meinem vierjährigen Geburtstag hatte ich mir so sehr eine Schiefertafel zum „Schule-spielen“ gewünscht, ich bekam zwar eine Tafel, — aber ein Riesentafel Schokolade, deren Vorderseite ein paar prächtige Milchkühe zierten. Oh, was war ich enttäuscht! Als ich dann aber zwei Bilderbücher auf meinem Geburtstagstisch entdeckte, war ich doch ziemlich schnell getröstet. Das eine Buch handelte vom „Kleinen Ruppchen“, das andere erzählte von Kasperles Abenteuern. Schnell hatte ich die zu den Bildern gehörenden Sätze auswendig gelernt, die mir meistens mein Bruder Werner vorgelesen hatte. Einige der Sprüche sind mir noch heute in Erinnerung:

„Das Ruppchen sucht, es kann nicht sehn,
vielleicht wird es mit dem Hammer gehn!"

(Ruppchen war dabei, eine Uhr zu reparieren.)
Oder, als Kasper in seiner Mittagsruhe vom Krokodil gestört wurde:

„Der Kasper hält grad Mittagsruh',
da hört er wieder ‚puh — puh — puh'...

Dann hatte Kasper eine rätselhafte Kiste geschenkt bekommen:

„Was mag wohl in der Kiste sein,
das Beste ist, ich schau hinein",

und als Kasper die Kiste aufmachte, schoß ihm auf einer Spiralfeder ein Springteufelchen entgegen.

Ungefähr zur gleichen Zeit muß es gewesen sein, als ich abends im Bett anfing „Heini" zu spielen, und ich ging fortan gern zu Bett. Ich kniete mich zuerst in meinem Bettchen hin, und nicht schnell genug konnte ich mein Gebet sprechen:"

„Ich bin klein, mein Herz ist rein,
soll niemand drin wohnen, als Jesus allein."

Schnell kuschelte ich mich ein — und ließ Heini zu mir kommen. Heini war in meiner Fantasie mein Spielkamerad, mein Beschützer, mein Held, Heini konnte alles. Heini wußte alles. Heini verstand die Sprache der Tiere, — es war wundervoll!

Als dann die Spiele mit Heini nicht mehr so recht gelingen wollten — es fielen mir immer weniger Variationen ein — holte ich mir vorm Einschlafen die Sterne vom Himmel: Ich schloß die Augen , und schon sah ich einen gewölbten Sternenhimmel, Sterne kamen mir entgegen, glitten wieder fort, neue Sterne kamen — bis ich einschlief.

Heimat — du Land meiner Sehnsucht

Heimat, Ostpreußenland —
Erinnerung an ein schönes Land!
Heimat, Ostpreußenland —
Erinnerung an verlorenes Land.
Heimat, — du Land meiner Sehnsucht!
Fest in mein Herz gebannt
bist du für alle Zeit,
in Ewigkeit, geliebtes Heimatland.

Heimat, Ostpreußenland —
Erinnerung an Glückseligkeit!
Heimat, Ostpreußenland —
Erinnerung an Geborgenheit!
Heimat, — du Land meiner Kindheit!
Fest in mein Herz gebannt
bist du für alle Zeit,
in Ewigkeit, geliebtes Heimatland.

Heimat, Ostpreußenland —
Erinnerung an viel Weh und Leid.
Heimat, Ostpreußenland —
Erinnerung an Mut und Tapferkeit.
Heimat, — du Land meiner Tränen!
Fest in mein Herz gebannt
bist du für alle Zeit,
in Ewigkeit, geliebtes Heimatland.

Mein Geburtstag

Geburtstag hatte ich im März,
wenn blau die Veilchen sprießen,
wenn Poggen quarrten allerwärts
und Saft tat in die Weiden schießen.

Die Luft, sie roch nach Frühling all,
nach Jauche und nach Kuhmist,
und auf dem Dach vom Schweinestall
hatt‘ sich ein Starmatz eingenist‘.

Die eine Kuh mußte noch kalben,
noch ferkeln mußte eine Sau,
vom Süden kamen schon die Schwalben,
am Kleckern merkte man‘s genau.

Die Hühner machten laut Spektakel
und legten fleißig Ei an Ei
und lockten gleich mit dem Gekakel
den karschen Hahn herbei.

Kiebitze strichen übers Feld
und schrieen ihr „kiwitt-kiwitt“,
und wer den Adebar bestellt,
dem brachte er ein Baby mit.

Der Kuckuck kam erst bischen später,
doch war er da und rief — herrjeh —
dann klappern in der Fupp wir mit den Dittchen
und die Mutter mit dem Portemanee.

Der Hof war manchmal noch voll Modder,
mein Hundchen voller Dreck,
und vor der Tür der Aufwischkodder
wischt‘ Dreck uns von den Schlorren weg.

Was ist das für ein Glück gewesen,
daß ich im März Geburtstag hatt‘,
so konnte ich ihn nie vergessen,
wo so viel Schönes da fand statt.

Eine Radfahrt durch unser Dorf

Dickschen. —

Was kann sich ein Fremder von einem Ort dieses Namens für Vorstellungen machen? Der Name klingt behäbig und gemütlich (dicken Menschen spricht man ja auch Gemütlichkeit zu), vielleicht könnte man meinen, daß man sich in diesem Ort wohlfühlen könnte. Und wohlgefühlt habe ich mich in meinem Dorf! Wie oft wohl noch gehe ich in Gedanken die alten Wege, die es heute mit Sicherheit nicht mehr gibt, wie oft wohl noch werde ich den Weg in Gedanken zur Schule langradeln? Ich weiß, ich würde den Weg noch heute halb im Schlaf finden.

Und so war der Weg:

Von unserem Hof, der als letzter des Dorfes nahe der Grenze von Tuppen liegt, radele ich den grasbewachsenen Weg, der durch unsere beiden Roßgärten führt, in Richtung Westen. Rechter Hand stehen am Weg einige unserer vielen Kirschbäume, und ich recke mich etwas vom Fahrrad hoch, um mir einige besonders reife, schwarze Kirschen während des Fahrens abzustreifen. Vor der „Puschienes“, einem kleinen, mit Gestrüpp, einem Quitschenbaum und einigen Nadelbäumen bewachsenen Landflecken, biege ich nach Süden ab, vorbei an Papes Gehöft mit dem, am Weg gelegenen Teich. Links davon, etwa einhundert Meter weiter, steht unser ehemaliges Loshaus (Miethaus). Es ist ein kleines, niedriges Häuschen, mit einem großen Kruschkenbaum davor. Seitdem die letzten Mieter ausgezogen sind, steht es leer und wird von meinem Vater dazu benutzt, Torf und Holz einzulagern. Als das Haus noch bewohnt war, kassierte mein Vater an Miete monatlich zehn Reichsmark, und die Mieter konnten sich täglich einen guten Liter Milch gratis abholen.

Ich fahre weiter an Urbans Roßgarten vorbei, an dessen Ende ihr Gehöft liegt. Herr Urban ist unser Bürgermeister. Dicht am Weg steht das weiß getünchte alte Haus aus dicken Lehmmauern. Das strohgedeckte Dach kann man fast mit der Hand erreichen, und es duckt sich unter einem mächtigen Lindenbaum mit weit ausladenden Ästen. Dieser Lindenbaum bot eines Nachts im Winter Dieben beste Aufstiegsmöglichkeiten, um aus dem dicken Schornstein Urbans sämtliche Würste und Schinken, die im Rauch hingen, herauszuangeln.

Unter Urbans Kirschbäumen, die längs des Weges stehen, fahre ich weiter und biege nach rechts in den, von Pferdewagen

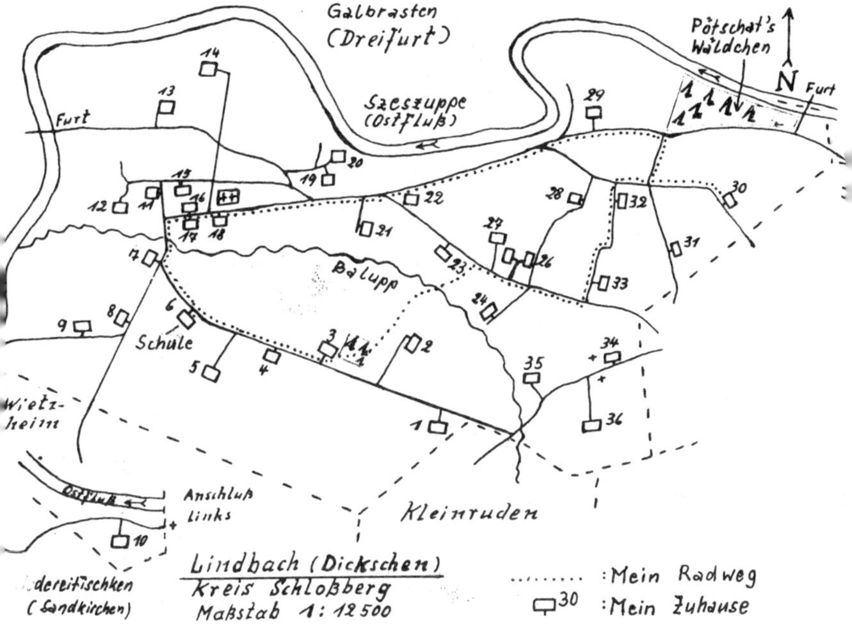

tief ausgefahrenen Sandweg, der zum Dorfkern führt. Ich verlasse aber nach ca. zweihundert Meter den Weg und radele, Bethkes links, Wahrendorfs, Zellins und Roloffs rechts liegen lassend, einen schmalen Fußweg entlang, der zur „Balupp" führt. Vorerst sieht man nur einen, mit Erlen bewachsenen Landstrich, doch unmittelbar hinter dem ersten Gesträuch tut sich eine kleine „Schlucht" auf, und eine saftige Wiese umbettet die munter dahinfließende Balupp, die vom Hochmoor, der „Kacksche Balis", kommt. Sicherlich hat der Bach seinen Namen von „Balis". Ich trete noch einmal kräftig in die Pedalen, um den kleinen Berg mit Schwung hinabzusausen, fahre im Leerlauf am Bach entlang und zirkele gekonnt mit meinem Rad über den kleinen Steg, der die Balupp überbrückt. Gleich dahinter führt der schmale Weg wieder bergauf, und zwischen Feldern und Roßgärten komme ich zu Slemties Wäldchen. Ein paar Meter von dem großen Ameisenhaufen entfernt haben Slemties einen kräftigen Birkenbaum angezapft, und aus der

Rille des Zapfens tropft ständig der Birkensaft in den untergestellten Eimer. Ich steige vom Rad und schaue nach, ob der Eimer vielleicht voll ist. Er ist sogar schon am Überlaufen, ich bücke mich und nehme ein paar Schlubberchen. Der Birkensaft ist angenehm kühl und schmeckt leicht süßlich. (Zum Gären gebracht, ergab das Wasser eine erfrischende Limonade.)

Weiterfahrend komme ich zu Slemties Hof, der mit einundfünfzig Hektar der größte in Dickschen ist. Herr Slemties ist Amtsvorsteher, ihm unterstehen auch die umliegenden Dörfer. Vorbei an einer großen Entenschar, die schnatternd dem, am Weg liegenden, Teich zusteuert, biege ich in Dickschens „Hauptstraße" ein. Man denke nun nicht, die Hauptstraße wäre gepflastert, oh nein! Sie ist nur etwas breiter von den Pferdefuhrwerken ausgefahren, und es fehlt hier der Grünstreifen, der sich sonst zwischen den Wagenrädern bildet. Nach links führt die Straße, an Meyers vorbei, nach Klein-Rudminnen und weiter am Waldrand entlang zur Asphaltstraße Lasdehnen — Tilsit. Ich aber biege nach rechts ein, fahre in Richtung Dorf, das in einem kleinen Talkessel liegt. Davor thront auf dem Berg unsere Schule aus rotem Backstein. Ihre fünf, nach Osten gerichteten Fenster sehen wie gebleckte Zähne in einem riesigen Gesicht aus.

Ja, acht Jahre bin ich diesen Weg gefahren oder gegangen, im Winter oftmals durch hohe Schneewehen und bis zu zwanzig Grad Kälte. Ab dieser Temperatur gab es schulfrei. Wie froh war ich, wenn bei der Kälte oder hohem Schnee mein Vater, oder Irmchens Vater, uns mit dem Pferdeschlitten hinfuhr. Andere Schulkinder wurden unterwegs aufgelesen, mitunter war der ganze Schlitten voll, und auf den hinteren Kufen standen auch noch einige.

Hinter der Schule geht es den Berg, der im Winter ein idealer Rodelberg in den Pausen ist, hinunter, geradewegs auf Sennowitz hübschen, von einer Tannenhecke umgebenen Gehöft zu. Sennowitz ist die einzige Familie im Dorf, von deren Verbleib man nach der Flucht nichts erfahren hat. Von links kommt hier der Weg aus Groß-Rudminnen und von unserem Kirchdorf Wedereitischken an. Ich biege nach rechts ein und überquere wieder die Balupp, über die hier eine richtige Brücke führt, sogar eine mit Verkehrsschild, 2t (!). Hier, im Kern unseres kleinen Dorfes wohnen Jurrats, Schweds, Hirschbecks, die schon genannten Sennowitz, Schons, Otto Wunderlich mit seiner Tante und Kriwats.

Hirschbecks hatten an einem Sommertag drei Töchter verloren, sie waren beim Baden in der Szeszuppe ertrunken. Angefaßt an den Händen sprangen sie im Wasser umher und waren plötzlich vor den Augen der anderen badenden Kinder verschwunden. Von einer, unter Wasser liegenden, Sandbank ging es steil hinunter in tiefes Wasser, und die Strömung hatte sie herabgezogen. Der Jude Moritz Neumann, der in Kackschen ein kleines Kaufhaus hat, hatte dann die gsamten Begräbniskosten bezahlt.

Vorbei an Schons kleinem Haus, das noch in der Küche einen Lehmfußboden hat, und wo vor der Tür stets alte Motorräder und Teile davon herumliegen — Herr Schon bastelt leidenschaftlich gern an Fahrzeugen aller Art herum — komme ich zu Hirschbecks Wäldchen. Dahinter, über einen kleinen Hügel hinweg, liegt der Friedhof. An der Straße aber, gegenüber Kriwats Scheune, steht am Rande des Wäldchens der Kiewenschuppen. Vier große, mit Wasser gefüllte Tonnen stehen hier, auf Kufen montiert, um ihr fauliges Wasser der Feuerwehrspritze bei einem eventuellen Brand zu spenden.

Wo gab es sie nicht, die „Freiwillige Feuerwehr"?

Unsere Feuerwehrspritze stand am Dorfanger von Tuppen im „Spritzenhäuschen", immer einsatzbereit, immer blank geputzt von den freiwilligen Helfern. Feuerwehrhauptmann war der Schmied und Fleischbeschauer Manglitz, ebenfalls aus Tuppen. In jedem der umliegenden Dörfer Tuppens, das zentral lag, hatte ein Mann ein Feuerhorn und die Aufgabe durch Blasen des Horns einen ausbrechenden Brand zu melden. Schaurig war es, wenn das Feuerhorn ertönte: Dreimal hintereinander, kurze Pause, wieder dreimal usw. Der Ruf des Hornes pflanzte sich von Dorf zu Dorf fort, und rief die Feuerwehrleute zusammen. Genauestens war eingeteilt, welcher Bauer die Pferde zum Spritzenhäuschen bringen mußte und wer die Wassertonnen vom Kiewenschuppen zur Brandstelle zu schleifen hatte. Vierspännig und im Galopp rasten die Pferde mit der Spritze, auf dem die Feuerwehrleute saßen, die sandigen Dorfstraßen und gegebenenfalls die Feldwege entlang, aus allen Richtungen kamen die Gespanne mit den Wassertonnen, aber — sie kamen immer zu spät. Dennoch brachten die wackeren Mannen die Spritze zum Einsatz, legten die Schläuche in die Wassertonnen und pumpten, was das Zeug hielt, Wasser auf die zusammengefallenen glühenden Sparren und Balken.

Ich weiß nur von vier Bränden, die es in unserer Umgegend gegeben hat. Bis auf das alte, leerstehende Haus von Rohdes, in dem die Kinder gekokelt hatten, waren es Scheunen, in denen der Blitz eingeschlagen hatte.

Und daß es nicht öfter Brände gab, war eigentlich ein Wunder bei den vielen pfeiferauchenden Bauern. Ob auf dem Feld, ob in der Scheune oder im Stall, die Pfeife war immer dabei, und so manches Mal stieß die Pfeife an ein Hindernis, daß die Funken nur so umherflogen.

„Voader, Voader, du warscht ons nochmoal de ganze Wärtschaft met dine Pip avbrenne", sagte meine Mutter des öfteren zu meinem Vater kopfschüttelnd, wenn er mal wieder Glut aus seiner Pfeife verloren hatte.

Doch nun zurück zu meinem Rundweg. —

Bereits hinter der Brücke (2t) hatte der Weg einen Knick nach rechts gemacht und verläuft jetzt, parallel zur Szeszuppe, geradeaus nach Osten, bis nach Tuppen hinein. Wo Hirschbecks Wäldchen aufhört wohnen Krißuns und Gutzeits, dicht an der Szeszuppe. Hier hat im Frühjahr der Stintkahn seine Anlegestelle. Nachdem ich noch tüchtig Schwung geholt habe, fahre ich die kleine Anhöhe hinauf, wo rechter Hand Dumschats Gustav mit seiner Mutter wohnt. Die „Dumschäne" wird sie allgemein genannt, sie spricht nur litauisch und ein oft unverständliches Platt. Die beiden wohnen in einer armseligen Holzhütte, die Leute erzählen, sie sollen in dem einzigen bewohnbaren Raum nur einen Tisch, zwei wacklige Stühle und nicht mal ein richtiges Bett haben. Gustav, sehr groß, dürr, stechende Augen über einer riesigen Hakennase, verdiente sich einen bescheidenen Lebensunterhalt als Hilfsarbeiter bei den Bauern, und er wurde nicht ganz „für voll" genommen, was oftmals dazu führte, daß mit ihm derbe Späße getrieben wurden. Aber essen konnte er! Wenn er mit am Tisch saß, blieb fast nie etwas übrig; und das wollte was heißen bei unseren üppigen Mahlzeiten.

Nun komme ich zum schönsten Haus in Dickschen, es wird „Der Neubau" genannt und ist eigentlich schon eine kleine Villa, mit einer hohen Tannenhecke umgeben. Schon von weitem ist die große Blautanne zu sehen, die an der Südseite des Hauses steht. Am Giebel der Nordseite führt eine geschwungene Treppe, auf deren Balustrade üppig blühende Blumentöpfe stehen, zum Eingang des Hauses. Diesen Neubau ließ Fräulein Pötschat, der der nächste große Hof gehört, für ihre Schwester

Emma und Bruder Franz errichten, wohl als Erbteil des elterlichen Hofes gedacht.

Franz Pötschat war im Weltkrieg verschüttet gewesen und litt seit der Zeit an Verfolgungswahn. Unterhielt man sich mit ihm, so merkte man ihm überhaupt nichts davon an; aber seine Welt war von Bazillen umgeben. Seine gesamten Kleidungsstücke, die er neu erhielt, kochte er erst aus, um die Bazillen abzutöten. Selbst Pantoffeln und Mütze blieben davon nicht verschont. So steckte denn sein hagerer Körper auch stets in zu kurzen Hosenbeinen und Ärmeln. Seine rote Nase tropfte ständig.

Etwa dreihundert Meter vom Neubau entfernt hat Fräulein Lenchen Pötschat — von der später noch die Rede sein wird — ihren hundertachtzig Morgen großen Hof, der nach Slemties Hof der zweitgrößte in Dickschen ist. Hier fließt die Szeszuppe in großem Bogen nach Norden. Die davor liegenden Wiesen gehören Pötschats und liegen etwas tiefer als der Hof. Der parkähnliche Garten grenzt direkt an einen, mit Erlen bewachsenen Steilhang, und über die Szeszuppe hinweg hat man einen Blick bis hinein nach Galbrasten.

Vor mir liegt jetzt „Pötschats Wäldchen", es birgt für mich eine Fülle von Erinnerungen! Hier holte ich, schon früh im Frühjahr, die ersten Leberblümchen, die am Abhang zur Szeszuppe wuchsen, — der ganze Berg war blau — zu Muttertag holte ich Maiglöckchen, oder Anemonen und Immergrün, um Mutters Platz am Tisch zu schmücken. Reiften die Walderdbeeren, klapperte ich alle zwei Tage die Stellen ab, an denen sie wuchsen. Hatte ich keinen Napf mit, so fädelte ich die Erdbeeren auf lange Grashalme, zu denen wir „Schmehlhalme" sagten. Und Himbeeren wuchsen in dem Wäldchen! Die Sträucher waren oftmals höher als ich, und im Handumdrehen hatte man eine Milchkanne vollgepflückt. Im Winter durften wir uns einmal in der Woche Tannenäste aus dem Wald holen, diese dienten vor der Türe als Schmutzabstreifer für die Füße. Das Wäldchen bot auch Füchsen und Iltissen idealen Unterschlupf, die Füchse hatten dort einen großen Bau mit vielen Ausgängen. Die Anwesenheit der Füchse merkten wir, die wir am dichtesten am Wäldchen wohnten, leider nur zu oft daran, daß ein Stück vom Federvieh gerissen wurde. Schon die Habichte machten uns so manchen Kummer, die oft genug über der Hühnerschar kreisten, ihr langgezogenes „kiiii" ausstoßend. Dann legten die Hühner den Kopf zur Seite und schauten zum

Himmel, um dann sofort in Deckung zu laufen. Selbst die kleinen Küken erkannten schon die Gefahr und versteckten sich schnell unter der Glucke.

Vom Wäldchen kommend fahre ich nun an einem tiefen Graben entlang nach rechts und biege wieder in den Weg ein, der durch unsere Roßgärten führt. So einen Roßgarten hatte jeder Bauer in der Nähe seines Hofes. Hier wurden die Kühe, die im Sommer tagsüber auf der Weide waren, am Abend hineingetrieben zum Melken und blieben auch über Nacht dort. Waren keine Kühe drin, dann durften die Pferde nach getaner Arbeit oder sonntags hinein. Sie genossen es sichtlich, von der Leine frei zu sein, wälzten sich im Gras, stiegen mit allen Vieren in die Luft, und ihre Furze knallten manchmal, als schossen die Korken aus den gärenden Braunbierflaschen.

Das Tor zum Hof steht offen, und an ein paar Hühnern, die noch den Rest einer Körnermahlzeit aufpicken, fahe ich vorbei und stelle mein Fahrrad an der Hauswand ab.

Ein seltsamer Besuch am Abend

Im Winter, wenn bei uns alles tief verschneit war und der Frost bizarre Eisblumen an unsere Fenster gezaubert hatte, verirrte sich selten ein Mensch zu uns, da wir sehr abgelegen, abseits vom Dorf wohnten. Nur der wackere Briefträger kam täglich zu uns, oft durch hohe Schneewehen stapfend und brachte uns die Zeitung und die Post.

„Mott dä Mensch ok noch Zeitung häbbe“, waren mitunter seine Worte, wenn er, nachdem er den gröbsten Schnee von seinen Stiefeln abgestreift hatte, in die Küche kam. Meistens hatte meine Mutter schon ein Töpfchen Kaffee für ihn bereit und ein Stückchen Pierak mit Butter, oder Streuselkuchen.

Ja, wenn der Schnee geschmolzen war, da wurde uns so manche Abwechslung geboten: Da kam, einmal in der Woche, der „Heringsbändiger“ mit seinem kleinen alten Pferdchen und mit mehreren kleinen Fässern beladenen Wagen und sorgte dafür, daß bei uns nie die Heringe ausgingen. Heringe wurden viel gebraucht: Zum Einlegen, zum Braten (ausgewässert), zu Pellkartoffel mit Zwiebel und Schmand, ja sogar zum Kochen für Dämpfkartoffeln. Dann kam auch oft der „Schmeißweg“, wie wir den Mann nannten, der mit seinem Bauchladen uns alles brachte, vom Gummiand bis zur Zahnbürste. Der Lumpensammler tauschte Kaffeetöpfchen gegen Lumpen und der Scherenschleifer kam in regelmäßigen Abständen. Große Freude herrschte bei uns Kindern, wenn der „Hutzelmann“ auf dem Fahrrad kam in seiner weißen Bäckertracht, mit einer großen Kiepe auf dem Rücken, und uns frische Semmeln und Schnecken brachte.

Eine kleine Sensation aber war es nahezu, wenn im Frühjahr die Szeszuppe Hochwasser führte und der Stintkahn kam. Von weitem schon war die kräftige Stimme des „Kurschus“ zu hören: „Hoalt Stint, hoalt Stint — so lang noch welche siiind!“

Dann luden sich die Bauern Fässer auf den Wagen und fuhren zur Anlegestelle. Wir Kinder mußten natürlich mitfahren und den schönen Kurenkahn mit seinem bunten Holzwimpel bewundern. Am Abend gab es dann frische, gekochte Stinte mit Zwiebeln und Essig, dazu Pellkartoffeln. Die übrigen Stinte wurden in den nächsten Tagen, auch abgekocht, für die Schweine verfüttert.

Es war Anfang März, die Sonne hatte es schon geschafft, daß ein großer Teil des Schnees geschmolzen war, als eines Abends der Hund wie wild anschlug und an seiner Kette zerrte. Ich war mit meiner Mutter im Stall und schaute ihr beim Melken zu.

„Geh‘, kuck doch mal, Hildchen, ob da wer ist, der Lord bellt ja rein wie damlich.“

Ich hängte die Stallaterne an einen Nagel und lief hinaus. Draußen war es noch etwas hell, und ich konnte sehen, wie sich ein kleiner Mann gerade die Schuhe an den Tannenästen, die als Schmutzabstreifer vor der Eingangstür lagen, saubermachte. Neugierig ging ich näher. Was hatte der Mann da für einen komischen Kasten umgehängt? — Der Schmeißweg war es nicht, nein. In der Hand trug er noch eine Tasche.

„Guten Abend“, sagte ich schüchtern.

„Scheenen guten Abend auch, Marjellchen. Sag‘ mir, is deine Mamache da?“

„Aber ja, die ist gerade beim Melken im Stall. Kommen Sie mit.“

Da aber kam meine Mutter schon aus dem Stall, die Milcheimer in der Hand. Sie kam näher und schaute den Mann fragend an. „Guten Abend, was ist denn?“

„Scheenen guten Abend, junge Frau. Ich wollte mal heeflichst anfragen, ob ich bei Ihnen velleicht e kleines Platzche kann kriegen für de Nacht. Braucht kein Bett nich zu sein, e Deck' genügt mir."

Meine Mutter antwortete ihm nicht sogleich, sie war wohl etwas überrascht, und er fuhr fort: „Se brauchen keine Angst nich zu haben, ich bin e ganz reinlicher Mensch. Sie müssen nämlich wissen, ich bin e Künstler. Jawohl, — e Künstler bin ich!" Er nickte stolz mit dem Kopf.

„Nun, kommen Sie erst mal rein, Mannchen, und denn sagen Sie mir, was Sie in dem Kasten haben."

Der Mann kam in die Küche mit, und umständlich streifte er den Kasten ab, den er, an zwei Riemen befestigt, über den Schultern trug. Er stellte ihn auf den Tisch.

„Na, nu passen Se mal auf, was da drin is — Se werden staunen. Da!" Er machte den Deckel auf.

Ich war auf den Stuhl geklettert und schaute neugierig auf das unbekannte Ding.

„Das is e Grammophon", erklärte der Mann wichtig. „Damit mach ich euch den ganzen Abend Musik. Jawoll, den ganzen Abend — natürlich nur, wenn ich dableiben kann."

Meine Brüder, die im Nebenzimmr bei den Schularbeiten waren, kamen nun auch in die Küche. Alle drei bettelten wir: „Bitte, bitte, Mamachen, laß den Mann bleiben, bitte, bitte."

„Na ja, also von mir aus. Denn ziehn Sie man ihren Mantel aus und gehn Sie in die Stube. Nachher können Sie mit uns Abendbrot essen. Schlafen können Sie auf der Scheeselong in der Stube."

Na, denn auch scheensten Dank, gutes Frauchen, der liebe Gottche soll es Ihnen lohnen."

Ich hüpfte vor Freude in der Stube umher und konnte es gar nicht erwarten, bis der Mann seinen Apparat spielen ließ. Nach dem Abendbrot dann war es soweit. — Gespannt saßen wir alle um den Tisch herum. Der Mann legte eine schwarze Scheibe in die Mitte des Kastens, steckte eine Nadel an ein bewegliches Etwas und drehte an einer Kurbel. Schon begann es . — Vor Schreck zuckte ich zusammen und habe bestimmt den Mund vor Staunen offen gehabt.

„Waldesluhuhust", quäkte es aus dem Kasten, und der Mann sang lauthals mit. Zwischendurch drehte er wieder an der Kurbel. Als nächstes ertönte „Es war einmal ein treuer Husar", und bei „O Donna Klara" klemmte er sich etwas zwischen die Lippen und begleitete die Melodie mit einem undefinierbaren Pfeif-Summ-Quäkton.

Mein Gott, war das schön und aufregend! Den ganzen Abend, wie er versprochen hatte, spielte der gute Mann uns seine Platten — bis meine Mutter uns erbarmungslos ins Bett schickte.

Leider kam der Mann nie wieder, so sehnlichst ich es auch hoffte. Auch seinen Namen haben wir nie erfahren.

In der Dorfschule

Pünktlich mit sechs Jahren wurde ich in unserer hiesigen Dorfschule eingeschult. Am ersten April begann das neue Schuljahr, und am fünfzehnten März hatte ich Geburtstag.

Wie freute ich mich, endlich zur Schule gehen zu dürfen; schon so lange beneidete ich meine Brüder darum. Ich war immer sehr wißbegierig und habe so manches mal mit meiner Fragerei die Geduld meiner Tante (die ja durch ihre Schneiderei immer da war) auf eine harte Probe gestellt. Lesen konnte ich schon, sogar die Zeitung las ich schon, wenn ich auch den Sinn des Geschriebenen oft nicht verstand. Meine Tante hielt die Zeitschrift „Modenschau“ und dieses Wort war für mich der Ausgangspunkt des Kennenlernens der einzelnen Buchstaben. Allmählich erweiterte ich meinen Buchstabenschatz mit Tantes Hilfe und setzte mir einzelne Worte zusammen.

In den ersten Wochen nach Schulbeginn fiel mir, die ich immer sehr lebhaft war, das Stillsitzen unendlich schwer, und den Mund konnte ich auch nicht halten. Andauernd hatte ich meiner Banknachbarin Ruth etwas zu erzählen. Dem Lehrer, Herrn Bonacker, gefiel das aber gar nicht. Er honorierte mein Schwatzen fast immer mit einer Ohrfeige, die aber sehr sanft ausfiel, weil er dazu nur den Mittel- und Zeigefinger benutzte. Was mich am meisten daran ärgerte war, daß mein Bruder Alfred, der in der letzten Klasse ging, es stets schadenfroh meiner Mutter erzählte:

„Hä, hä, — onse Hilde hätt hiede wedder poar „Frätschkes“ jekrächt!“

Überhaupt hatten meine Brüder anscheinend viel Spaß daran, mich zu ärgern. „Zärjen“ nannten sie es. Sie zeigten dann mit den Fingern auf mich und riefen:

„De Schäschkes loope önnem Woold, et ös so better, better koolt. Schäschke — Schäschke!“

Ich wurde dann fuchsteufelswild und bearbeitete sie mit meinen kleinen Fäusten, — und die beiden konnten sich halbtot lachen.

„Schäschke“ war für mich ein fürchterliches Schimpfwort, das Wort kam aus der litauischen Sprache und hieß „Iltis“, und Iltisse stanken doch so fürchterlich. Jedoch nicht deswegen nannten sie mich so, nein ich stank nicht, aber — ich hatte tiefschwarze Haare. Meine Banknachbarin Ruth in der Schule war am Tag der Einschulung aufgeregt zu ihrer Mutter gelaufen und beklagte sich, daß sie neben einer Zigeunerin sitzen müsse, „die Hilde hat so schwarze Haare“. (Ruth hatte es mir später erzählt.) Nach Ablauf eines halben Jahres konnte mein Lehrer mir nichts mehr aus dem Lehrstoff, der für die erste Klasse bestimmt war, beibringen. So faßte er mich eines Tages bei den Zöpfen, und mit den Worten „Komm mit, Hildke“, setzte er mich zwei Bänke weiter nach hinten, wo die Schüler des zweiten Schuljahres saßen. Ich durfte sofort ein Diktat über „Huhn, Hahn und Hennen“ mitschreiben. Achottchen — da kam ich aber ganz schön in‘s Schwitzen, denn vom Dehnungs-ha hatte ich noch nie etwas gehört; dementsprechend fiel dann auch das Diktat aus!

In der gesamten Schule waren wir ca. fünfundvierzig Kinder, alle in einem Raum, alle unterrichtete ein Lehrer. Gute Schüler der oberen Klasse arbeiteten zeitweise mit den niederen Klassen. Sie machten mit ihnen Kopfrechnen, diktierten Texte für ein Diktat oder hörten auswendig gelernte Gedichte ab. Es klappte alles prima, und ich muß heute sagen, wir haben viel gelernt.

Als für mich der Zeitpunkt der Versetzung in die fünfte Klasse gekommen war, riet der Lehrer meinen Eltern sehr dringend, mich zur höheren Schule nach Tilsit zu schicken. Wie gern wäre ich dahin gegangen! Leider war dafür nicht das Geld vorhanden, allein die Pension hätte damals vierzig Reichsmark pro Monat betragen. So mußte ich weiter in der Dorfschule bleiben und mir daraus das Optimale an Wissen herausholen.

Der Stintkahn ist da

Kurschalka wollt' ich werden
als ich vier Jahre war.
Das wär' die Seligkeit auf Erden,
mit dem Kahn zu fahren, Jahr für Jahr.
Ihr wißt nicht was „Kurschalka" ist —
und auch was „Kurschus" nicht vielleicht?
Die kamen im Frühjahr, wenn dem Fluß
das Wasser bis zum Kwardel reicht,
vom Haff zu uns mit ihren Stint
auf großen, stolzen Kähn' geschwommen,
auf denen bunte Wimpel sind.
Und weithin hat man dann vernommen:
„Hoalt Stint, hoalt Stint,
solang noch welche siiiind!"
Das war des Kurschus Werbespruch,
der, mit großen Dippchen an den Füß',
um den Hals ein buntkariertes Tuch,
den Bauern seine Stinte anpries.
Und neben ihm, recht wohlgenährt,
eine Schürz' aus grobem Sack vorm Bauch,
die Kurschalka geht, sein Ehegefährt,
und macht von ihrer Stimme Gebrauch:
„Zippel, Zippel, scheene rooote,
wer well krecht kleene, oder groote!"
Nun spannten schnell die Bauern an
und luden sich ein Faß auf,
sie fuhren zu dem Kurenkahn,
zu tätigen den Stintkauf.
Wozu wir so viel Stinte brauchten?
Na, für die Hühner und die Schwein'!
Die Pochels in den Trog reinkrauchten
und schaufelten ganz tüchtig ein.
Wußten wir auch nuscht von Proteine,
was manches Lebewesen braucht,
das schrieb ja immer die „Georgine"
was für das liebe Vieh so taugt!

Meine erste Reise nach Tilsit

„Jeder, der zum erstenmal inne Stadt kommt, muß am Stadtrand einem alten Weib den Popo butschen“, sagte mein Vater zu mir, als ich pranzelte, er solle mich doch, bitte, bitte, nach Tilsit mitnehmen. In Tilsit war, wie in jedem Herbst, Pferdemarkt, und am übernächsten Tag wollte mein Vater hinfahren. Es waren vierzig Kilometer bis Tilsit, und so eine „Reise“ wurde nur selten unternommen. Nun aber war für mich die Gelegenheit da, endlich einmal Tilsit zu sehen. Ich war sechs Jahre alt, es waren gerade Herbstferien, und ich sah keinen Grund, nicht mitzufahren. Einmal eine Stadt sehen — das war für mich der Inbegriff der Seligkeit! Hohe Häuser, dicht bei dicht, erzählten die, die dort gewesen waren, — die Vorstellung wollte mir nicht so recht gelingen.

Als Papa nun solches sagte, bekam ich einen gewaltigen Schreck!

„Ist das wirklich wahr?“

„Aber ja doch — wenn ich es dir sage —“

„Na wo steht denn das alte Weib“, wollte ich wissen.

„Na, gleich an den ersten Häusern, bevor nach Tilsit ‘reinkommst“, erwiderte Papa.

„Kannst nicht vielleicht eine andere Straße fahren, wo sie nicht steht“, fragte ich hoffnungsvoll.

„Da geht nur eine Straße hin, anders kann ich nicht fahren.“ Ich überlegte kurz: Einmal Tilsit sehen wäre herrlich, — aber einem alten Weib den Popo küssen — brrr. Schließlich überwog doch die Neugier auf die Stadt:

„Ist egal — nimmst mich mit? Papachen, bitte, bitte!“

„Na, denn geh‘ man die Mama fragen, — von mir aus kannst du mitkommen“, lachte mein Vater.

„Au, prima“, strahlte ich und wetzte in die Küche, wo meine Mutter gerade dabei war, Brotteig zu kneten.

„Mamachen, bitte, bitte, darf ich übermorgen mit Papa nach Tilsit mitfahren? Der Papa hat es schon erlaubt“, fragte ich erwartungsvoll.

Meine Mutter hielt inne beim Kneten und sah mich überrascht an: „Na, aber auch all sowas! Der Papa hat‘s dir schon erlaubt?“

„Ja — und ich habe auch gar keine Angst.“

„Warum sollst du denn Angst haben? Wovor?"

„Na — wegen dem alten Weib!"

„Welches alte Weib?"

„Aber na die, wo man den Popo butschen muß", sagte ich ungeduldig. Meine Mutter schaute etwas verdutzt und ein leichtes Lächeln zog über ihr Gesicht:

„Ach so, — die! — Ja, also wenn du davor keine Angst hast, kannst du mitfahren. Aber dann mußt du ganz früh aufstehen."

„Wie früh? Wenn vielleicht noch alles dunkel ist", fragte ich gespannt. Das wäre was! Im Dunkelen aufstehen, wie die Erwachsenen!

„Bestimmt ist dann noch dunkel. Papa muß früh losfahren, bis Tilsit ist weit. Wirst schön müde sein nachher auf dem Wagen." „Ii, — das macht nuscht", strahlte ich, und ich reckte mich auf die Zehenspitzen, um ihr einen Kuß auf die Backe zu geben. Gleich fiel mir der andere Kuß ein, und mich schauderte ein wenig.

Am übernächsten Morgen wurde ich von meiner Mutter geweckt: „So, Hillucke (so nannte sie mich mitunter zärtlich). Du mußt nun aufstehen. Hast ja so fest geschlafen."

„Was ist" fragte ich, noch benommen vom Schlaf. Aber gleich fiel es mir ein: Wir fuhren ja heute nach Tilsit! Ganz schnell hopste ich aus dem Bett.

Meine Mutter hatte schon die Waschschüssel mit Wasser bereit gestellt, auch die Kleider hingelegt. Sie half mir beim Anziehen und flocht meine kleinen Zöpfe. Es war wirklich noch dunkel draußen, hier in der Küche gab die Petroleumlampe ihr gelbliches Licht.

„So, nun iß noch ein Stückchen Pirak mit Butter und trink schön den heißen Kaffe, damit nachher nicht so schnell verhubbert bist", meinte meine Mutter.

So früh schon essen, — ich gnaschelte ein wenig am Pirak herum, es wollte nicht so recht rutschen. Mein Vater, der mit dem Frühstück schon fertig war, fragte: „Hast uns auch paar Stullen gemacht, Mutter?"

„Aber ja, — natürlich hab' ich, ihr werdet schon nicht verhungern. Da, hier im Pungelchen ist alles drin". Sie gab Papa ein Paket, das in einem Tuch eingebunden war.

Tilsit

Papa zog seine Joppe an und ging hinaus, um die Pferde einzuspannen. Ich mußte, obwohl ich protestierte, meinen Wintermantel vom vorigen Jahr anziehen, der mir schon etwas zu klein geworden war, darunter noch Trainingshosen. Aber als ich nach draußen kam, merkte ich, daß es doch recht kühl war. Es war inzwischen schon etwas hell geworden, dicker Nebel lag über den Feldern und verdeckte die Sicht zum Wald, wo nur die Tannenspitzen hervorsteckten.

„Et waart scheenet Wedder gäwe hiede, da Näwel föllt noah unde“, rief mein Vater uns entgegen.

Wir verabschiedeten uns von Mutter und stiegen auf den Wagen. „Paß goot opp de Hildke opp, Franz“, rief uns Mutter noch nach. In leichtem Trab fuhren wir vom Hof, die Pferde schnaubten leicht, und ihr Atemdampf vermischte sich mit dem Nebel. In unserem Dorf war noch alles still, nur Herr Kriwat ging, noch etwas verschlafen, über seinen Hof und winkte uns zu. Über Rudminnen fuhren wir der Chaussee zu, die nach Tilsit führte. Gleich an der Chaussee-Auffahrt war der Kaufmannsladen von Westphals, hier lieferten wir unsere Eier ab, wenn die Eierfrau nicht kam, und kauften dann gleich für die ganze Woche ein. Dann fuhren wir durch Kackschen, hier hatte Moritz Neumark sein kleines Kaufhaus, in dem es, angefangen bei Heringen, über Petroleum bis hin zu Stoffen, Kleider, Schürzen und Anzügen alles gab. Und immer, wenn wir dort einkauften, bekam ich ein Tütchen Bonbons magerietsch.

Inzwischen hatte die Sonne schon den Nebel verdrängt und schien auf die, schon gefärbten Blätter der Birken, die die Chaussee säumten. Linker Hand kam jetzt die Mühle in Eggleninken. Hier war ich schon des öfteren gewesen, wenn das Korn zum Mahlen hingebracht wurde. Ein Stückchen weiter hatte der Fleischer Toparkus seinen Laden, den ich auch schon kannte, — und dann war alles neu für mich.

„Wer wohnt dort, Papa? Was ist das?“ Oder „wie weit ist noch?“ bekam mein Vater fortwährend von mir zu hören. Es war ja alles so interessant! Dann kam das große Gut Juckstein mit seinen, nicht enden wollenden Ställen und Insthäusern. Unter-Eißeln — Obereißeln —

„Papa — Papa was ist denn das! Das sieht ja aus wie ein Turm!“ rief ich aufgeregt und zeigte nach vorn zum Berg hin. „Das ist der Bismarckturm, Tochterche“, erklärte mein Vater. „Wir halten mal an wenn wir auf dem Berg sind, ich will mir sowieso die Pfeif‘ anstecken.“

Die Pferde hatten ordentlich zu tun, den lang gestreckten Berg hinauf zu kommen und trippelten umso schneller.

„Prrrr", rief mein Vater, als wir oben angelangt waren, und die Pferde blieben stehen.

„Und warum heißt der Turm „Bismarckturm", wollte ich wissen. „Der Turm ist nach dem Fürsten Bismarck benannt, das war der erste Reichskanzler in Deutschland. Jetzt ist der Hindenburg Reichskanzler.", wußte Papa zu sagen.

„Ach — von dem hat doch Tante Lenchen ein Bild in der Stube zu hängen, nich?"

„Ja, richtig, — hast gut aufgepaßt, Marjellche", lobte mich Papa und strich mir mit seiner großen Hand über den Kopf. „Wenn du älter bist und Radfahren kannst, dann fährst mal nach Ober-Eißeln und kletterst aufen Turm. Das ist nämlich ein Aussichtsturm. Wenn du da oben stehst, kannst weit bis nach Litauen kucken, über die Memel weg."

„Was ist die Memel"? wollte ich wissen.

„Ach so, ja, das kannst noch nicht wissen. — Also die Memel ist ein Fluß wie unsere Szeszuppe, bloß viel, viel breiter. Du hast doch beim Baden bestimmt gemerkt, daß das Wasser immer in einer Richtung fließt, nich"? „Ja", nickt ich.

„Na siehst du, und wenn du immer in die Richtung gehst oder schwimmst, in die das Wasser fließt, kämst du zur Memel. die Szeszuppe ist nämlich ein Nebenfluß der Memel."

„Aha", sagte ich, und versuchte das soeben gehörte zu verarbeiten. Und dann muß ich wohl eingeschlafen sein, denn ich wurde plötzlich vom Rumpeln der Wagenräder wach, die über Stuckerpflaster rollten, und rechts und links standen Häuser aneinandergereiht. „Wo sind wir denn jetzt, Papache, da sind ja so viel Gehöfte, bloß haben die keinen Hof und keinen Stall —" sagte ich verwundert.

„Das ist Ragnit." Er zeigte mit der Peitsche nach rechts: „Kuck mal, da ist die Zellstoff-Fabrik. Da wird das Langholz, das immer bei uns auf der Szeszuppe langgeschwommen kommt, verarbeitet."

„Wie verarbeitet", fragte ich verständnislos.

„Ja, weißt du, da wird das Holz ganz, ganz klein gemacht."

„So wie du Holz hackst?"

„Nei, nei," lachte Papa, „richtig zu Brei gemacht."

„Warum?"

„Damit es weiter verarbeitet werden kann. Aus dem Brei wird dann hauptsächlich Papier gemacht. Das wird natürlich getrocknet und gepreßt, — und was weiß ich nicht alles.

Zellstoff wird auch daraus gemacht."

„Was ist Zellstoff?"

„Aber du fragst heute auch all wieder was zusammen, — nei, nei. — Da kuck mal, da kannst ein bischen die Memel sehen." Ich reckte mich etwas hoch im Wagen: Tatsächlich, wo die Fabrik aufhörte, konnte ich ein Stückchen des Wassers sehen. „So, nu noch ein knappes Stundchen, dann sind wir in Tilsit", sagte Papa.

Achott — Tilsit! Das alte Weib!

„Ob die bestimmt dahuckt, Papache", wollt ich wissen.

„Wer?"

„Ach, na du weißt schon — das alte Weib!"

„Ach die! Na bestimmt ist die da."

„Papa, ob ich mich unter die Deck' verkriech?"

„Das wird bestimmt nuscht nützen, die kuckt nach. Nu hast wohl Angst gekriegt, was?"

„Ich glaub' ja", sagte ich kleinlaut. „Hältst mal an, Papa?"

„Warum?"

„Ich — ich muß mal."

„Hä, hä, hä," lachte Papa schadenfroh, aber vielleicht hörte es sich auch nur so an, weil er die Pfeife im Mund hatte. Als ich wieder im Wagen saß, ließ mich der Gedanke an das alte Weib nicht mehr los. Mir drängte sich immer wieder das gleiche Bild auf: Eine kleine Straßenschranke, daneben ein kleines Häuschen, und aus dem Fenster zu ebener Erde streckte sich mir ein dicker, blanker Popo entgegen.

„Da, kuck mal Hildchen, dort vorne ist schon Tilsit zu sehen, wo die vielen Schornsteine sind."

Mein Hals war wie zugeschnürt, ich konnte nichts sagen, ich rückte nur etwas näher an meinen Vater heran. Zum Teufel mit Tilsit, meine Freude auf die Stadt war wie weggeblasen. Immer näher kamen die Häuser und immer fester drückte ich mich an meinen Vater.

Da — ein gelbes Straßenschild: Tilsit — Regierungsbezirk Gumbinnen. So viel konnte ich schon lesen. Schon waren wir bei den ersten Häusern angelangt, noch waren sie niedrig. Wo war die Sperre, wo das kleine Häuschen?

„Du, Papa, — da ist ja nuscht zu sehen?"

„Was soll da zu sehen sein, Marjellchen?"

„Na, — das alte Weib!"

„Ach sooo, das alte Weib! Na, die wird vielleicht gerade Kleinmittag machen. Hast nicht auch Hunger?"

Wie konnte ich Hunger haben — um Gottes willen jetzt nur nichts essen!

Da, — da vorn ging eine dicke Frau vor uns, um die Schultern hatte sie ein riesiges Umschlagtuch geschlungen, am Arm trug sie einen Korb.

„Kuck, Papa, kuck — is se das?"

Ich muß wohl sehr schlecht ausgesehen haben, denn mein Vater sagte: „Achottchen, du bist ja ganz blaß, Tochterchen — ts — ts, hm, hm," räusperte er sich, „ja, also weißt du, nun werde ich es dir man lieber sagen: Es gibt gar kein altes Weib. So schichtert man bloß die kleinen Kinder ein, damit sie nicht in die Stadt mit wollen."

Ich seufzte erleichtert auf.

„Nun beruhig' dich man. Jetzt fahren wir erst mal zur Tante Martha, da bleibst dann bei ihr tagsüber. Gegen Abend hole ich dich ab, inzwischen gehe ich auf den Pferdemarkt.

Ich wußte nicht, sollte ich ärgerlich sein oder sollte ich mich freuen. Letzteres siegte, — und es wurde ein unvergeßlicher Tag für mich.

Dorfleben

Man sagt uns Ostpreuen heute nach, daß wir besonders treue Anhänger Hitlers gewesen wären.

Denke ich an die damalige Lage zurück, erstaunt mich dieses nicht besonders. Wir, die wir auf dem Lande lebten — und Ostpreußen hatte ja bekanntlich viel Landbevölkerung — wußten nicht viel von der Politik. Zeitungen wurden wenig gelesen, weil dafür einfach zu wenig Geld vorhanden war; allenfalls die „Georgine", die eine Zeitung für landwirtschaftliche Informationen war, oder — in unserer Gegend — die „Ostpreußische Grenzzeitung" und die „Tilsiter Allgemeine", die beides Regional-Zeitungen waren. Rundfunk hatten nur wenige Bauern, und so tat man das, was von „Oben“ angeordnet wurde. Hinzu kam, daß vor 1933 viele Bauern vor dem Ruin standen. Ihre Erzeugnisse wurden sie nur zu Schleuderpreisen los, und vom Staat kam keine Hilfe. Nach der Machtübernahme Hitlers ging es bald spürbar aufwärts: Die Preise für ländliche Produkte zogen an, es gab zinslose Kredite für Investitionen, das Land wurde drainiert, und eine gute Einnahmequelle erhielten die Bauern durch das Abliefern der Milch an eine Molkerei. Mußte zuvor die Milch nach jedem Melken durch die Zentrifuge geschleudert werden, alle zwei bis drei Tage gebuttert und die Butter zum Markt gebracht werden, so taten sich jetzt ein paar Bauern zusammen, um umschichtig die Milch in großen Milchkannen zur Chaussee zu fahren. Von hier wurde es von einem Milchauto in die nächste Molkerei nach Lasdehnen gebracht. Zusammen mit den leeren Kannen brachte dann das Auto bestellte Butter, Käse und für die Schweinefütterung Magermilch und Molke mit. Im Krieg war auch für uns die Butter rationiert, wir mußten ein wichtiges Teil der Zentrifuge abliefern, damit wir nicht heimlich buttern konnten.

Von der Parteiarbeit war bei uns eigentlich nichts zu spüren, und ich kann mir nicht vorstellen, daß in den Zusammenkünften der Herren Parteigenossen viel von Politik die Rede war. Die Abende fanden in den Gasthäusern statt, und der Durst der Ostpruеßen war bekanntlich groß.

Es wurde niemand gezwungen, in die Partei einzutreten, und so blieb der Kreis in unserer Ortsgruppe auch recht klein.

Etwas anders sah es in den Jugendverbänden aus. Auch hier wurde niemand gezwungen beizutreten, aber wer wollte schon abseits stehen und vielleicht schief angesehen werden? Warum auch? Der einmal in der Woche angesetzte Dienst entband uns von manch ungern getaner Arbeit, wir brauchten dann abends nicht das Vieh zu versorgen.

Zu den „Jungmädeln“ und dem „B. D. M.“ bestand kein großer Unterschied in der Gestaltung des „Dienstes“ — wie wir unsere Zusammenkünfte nannten. Nachdem wir den Lebenslauf des „Führers“, die Namen der Regierungsmitglieder und die Aufgliederung der einzelnen Jugendverbände von der „Mädelführerin“ eingetrichtert bekommen hatten, widmeten wir uns in der Hauptsache dem Einüben von Liedern und Volkstänzen. Besuchte uns dann mal eine höhere B.D.M.-Führerin, mußten wir unser Erlerntes zum Besten geben.

Gemeinsam mit der H.J. gestalteten wir Dorfgemeinschaftsabende, Weihnachtsfeiern und die Sonnenwendfeier, wozu vorher fleißig geübt wurde. Wir waren alle gern dabei, kamen dadurch mit der Jugend aus den Nachbardörfern zusammen, und dieses war uns eine willkommene Abwechslung im eintönigen Landleben.

Meine erste Begegnung mit der Hakenkreuzfahne hatte ich am 1. Mai 1933, als ich sieben Jahre alt war.

Wir waren alle durch einen Umlaufzettel (so ein Umlaufzettel wurde von Gehöft zu Gehöft weiter gereicht) vom Bürgermeister aufgefordert worden, uns am 1. Mai an der Dorfstraße, die nach Tuppen führte, einzufinden, wo wir mit erhobener Hand die Fahne zu grüßen hätten. Jegliche Feldarbeit wurde an diesem Tag untersagt, der 1. Mai war zum gesetzlichen Feiertag erklärt worden. Mein Opa, der sonst nie bei der Feldarbeit half, protestierte auf seine Weise: Er las eifrig Steine vom Acker und achtete darauf, ob er auch ja gesehen werde.

Neugierig stand ich, zusammen mit anderen Nachbarn, an der Straße nach Tuppen, wo der Umzug stattfinden sollte. Endlich war es soweit. — Eine kleine Gruppe in braunen Uniformen näherte sich, zwei Fahnen tragend: Die eine schwarz-weiß-rot, die andere aus rotem Stoff, aus deren Mitte uns ein schwarzes Hakenkreuz auf weißem Grund aufdringlich entgegenwedelte. Jedoch imponierten mir die Fahnen nicht sehr, viel mehr interessierte mich das Lied, das die Gruppe sang, es hörte sich sehr lustig an: „Mit de Arme, mit de Beene in den Mostrichtopp, oho, oho, — o Lott, o Lott o Lotte, du bist 'ne falsche Motte…" Die ernsten, verbissenen Gesichter wollten nicht so recht zu dem lustigen Gesang passen, und vereinzelte Lacher der Zuschauer verstummten dann auch sofort ob dieses martialischen Gehabes.

Von Jahr zu Jahr wurde der Festzug am 1. Mai immer länger, und es wurden der Fahnen immer mehr. Allen voran marschierten die Parteigenossen, wozu vorwiegend die Honoratioren der Umgegend wie Lehrer, Förster und Großbauern gehörten. Danach folgte die S.A. mit herabgelassenen Sturmriemen und vorgestrecktem Kinn, dann die, sich sehr wichtig vorkommende H. J. und anschließend die kleinen Pimpfe. 1936 gesellte sich dann auch der BdM und die Jungmädelschar hinzu, bei denen ich dann auch die „Ehre" hatte, dabei zu sein.

In Tuppen lagen sich zwei Gasthöfe, oben auf dem Berg gegenüber; dazwischen lag eine kleine Schlucht, in der die, mit

Weiden und Erlen gesäumte Balupp floß. Damit nun keiner der beiden Gastwirte benachteiligt wurde, fand in jedem Jahr umschichtig einmal die Feier bei Link's und einmal bei Sterkau's statt. Zu jedem der Gasthöfe gehörte eine große Wiese, hier endete immer der Umzug. Die einzelnen Gruppen nahmen Aufstellung um den bunt geschmückten Maibaum, der natürlich die Gesellschaft der schwarz-weiß-roten und der Hakenkreuzfahne erdulden mußte.

Als erster hielt der Ortsgruppenleiter eine mehr oder weniger zündende Rede, die seinerseits von so vielen „nich-wahr-nich" und „undsoweiter nich-wahr-nich" unterbrochen wurde, daß es schon einer höllischen Aufmerksamkeit bedurfte, den Sinn seiner Rede zu verstehen.

Nach den üblichen Ansprachen folgten Lieder und Gedichte, in denen oft die Worte „Führer", „Freiheit", „Vaterland", Tapferkeit" oder der „Neuen Zeit" vorkamen. Zum Abschluß dann ausgestreckter Arm, „Deutschland, Deutschland über alles", „Die Fahne hoch", ein dreimaliges „Sieg-Heil" — dem offiziellen Teil war Genüge getan. Es konnte zum gemütlichen Teil übergegangen werden, was von allen Beteiligten auch eifrig genutzt wurde.

Für die Kinder wurden auf einem Teil der Wiese Wettspiele arrangiert, die Jugend trug Sport-Wettkämpfe aus, und wer schießen konnte, beteiligte sich am Scheibenschießen. Die reifere Jugend drehte im Saal ein Tänzchen zu den Klängen unserer Dorfkapelle. Oh, sie spielte durchaus recht flott unsere damaligen Schlager: „Es war einmal ein treuer Husar", „Waldeslust", „O Donna Klara" und nicht zu vergessen „Alte Kameraden", fast immer wurde laut und kräftig mitgesungen.

Natürlich war auch die Theke dicht umlagert. Unsere Bauern ließen es sich nicht nehmen, das von „Oben" angeordnete Fest auf ihre Weise zu genießen. Da durften die Ehefrauen nichts dagegen sagen! Und manch einer ging am frühen Morgen ziemlich schräg nach Hause, noch den Geschmack des guten „Pillkaller" auf der Zunge verspürend.

Von den Kindern, die ihre Sparbüchsen geplündert hatten und vom Vater vielleicht noch paar Dittchen extra bekommen hatte, wurden Unmengen von Süßigkeiten vertilgt. Beliebt waren, für ein Pfennig das Stück, kleine Pfeifen aus Zuckerguß, für fünf Pfennig bunte Gummischlangen mit einem Ring im Maul, Brausepulver, Lakritzen und dicke Zuckerwaffeln.

So kam jedermann auf seine Kosten, besonders der Gastwirt; er machte das Geschäft des Jahres. Das Erntedankfest wurde zwar auch gebührend gefeiert, aber es wurde nicht so ein großer Aufwand getrieben. Das Wetter war im Oktober meistens schon kühl, die Tage kürzer, und so waren auch der Besucher weniger zu verzeichnen. Allerdings, — wenn im Winter ein Dorfgemeinschaftsabend stattfand, war der Saal knüppeldick voll.

De Därpgemeinschaftsoawend

Am schwarte Brett, biem Gastwert Link,
doa hätt geschräwe e Dichterling:
„Ihr Leute hört: Am Samstag-Abend
ist hier ein Dorfgemeinschaftsabend.
Herzlich willkommen alle sind,
ob Mann ob Frau, ob Weib und Kind,
ob Lorbaß ob Marjell,
findet euch ein auf diese Stell';
wobei noch zu bemerken sei,
der Eintritt ist natürlich frei."
Nu sönnt ons Bure fär solche Sache,
doa könne se moal rechtig lache;
drom ös uck de geschmöckte Soal
am Oawend denn gerammelt voll.
Ganz vorn doa huckt de Promenenz,
un mancher moakt sin Reverenz.
De Grootbure, de Amtsvorsteher,
de Börgermeister un de Lehrer,
se keeme all' met ähre Doame
un wachte ob Dinge, dä doa koame.
Joa, sölvst de Förschter möttem Hund
kömmt noch varbie opp een poar Stund;
sin Erich hied Theoater spält,
wie he Tohus dat hätt vertellt.
Dat Stöck, dat hied' wart oppgefeert,
dat hätt ons Lehrer ennstodeert
met Scheeler, Jungs von de Hajott,
uck Kiebarts Grete doabie sönn mott.

Nu hält de Lehrer eerscht e Räd',
— öck weet nich mehr, wat he so säd —
doanoah denn geiht de Värhang opp
un Frue stoahn' doa, Kopp on Kopp.
Et singt de hiesige Frauenchor
dat Leed „Am Brunnen vor dem Tor".
Se ware beklatscht, wie sich dat geheert,
un de Doame feehle sich geehrt.
Nu kömmt e lostiget Gedecht
dat oppgerägt Kurt Kalweit sprecht,
un wo am Schluß bi de Poängt
de ganze Soal to lache anfängt.
Doa hinde knastert et met e moal,
et drellt sich om de ganze Soal:
De dicke Preiksche ös ganz sacht
met ährem Stool tosammgekracht.
Na, dat geew nu e luut Gejohle,
man deed ähr nu gliek zwee Steel hoale,
weil se, doamet se rechtig huckt,
fär jede Back e Stoolke brukt.
Noa disem Intermezzo nu
spält man „De Föscher un sin Fru".
Man barmt om „Mannke Timpetee",
un leewt dem „Buttke önnem See",
dä krätsche Fru, „De Ilsebill"
am leewste man am Kroage well.
Jetzt kömmt noah disem Stöck e Bur,
Knocks Oadolf, met Athletstatur.
E Boadböx angetoage bloß,
schleppt he poar Kedde, mühelos;
doa weckelt he sich röchtig önn.
Wat sull dat hebbe fär e Sönn?
Dat seggt de Meiersch Heinz nu an,
dat Kedde sprenge wart dä Mann.
He spannt de Muskel förchterlich, —

de Kedde aber sprenge nich.
Met een Rucks verseekt he dat noch moal,
— de Spannung wächst öm ganze Soal —
doa schmött dä Keerl de Kedde henn,
hoalt sich e Kann met Woater drenn:
„Wat sull öck mi so anstrenge,
wenn öck se kann met Woater sprenge!“,
sächt he, un alle sönnt perplex.
De Oadolf, dä verschwind nu fex.

Als denn to End dat Reportoar,
doa riemt man wech dat Mobiliar,
tom Danze bruckt man nu dem Soal,
de Därpkapell huckt sich all doal.
Met Duddel, Pauke un Posaun,
se späle bes tom Morjegraun.
Doa wart gescherbelt un gelacht,
manch Schnapske önnem Hals verfracht.
Wie nu dat ömmer späder waart,
all Mannsvolk om de Thek‘ sich schaart;
se schrie luut un diskuteere,
sien eegnet Woort kann keener heere,
doch jeder wäll doch moal wat segge,
doa fange se sich an to plekke.
Toeerscht doa plekke sich man zwei,
un denn entsteiht e Keilerei.
De Wört, dä ös ganz fassungslos,
wat deiht he met dä Keerls man bloß?
Packt Fretz, däm met de grettste Schnut
un schmett äm denn kobolske rut.
De Fretz, öm Schnuwens un öm Japse,
deiht nu noah sine Mötz romtapse,
huckt prompt se sich verkeehrt rom opp
un schlackert poarmoal mettem Kopp:
„Dat weer e Fest wie sich geheert —
öck häbb mi prächtlich ameseert!“

Ein Kälbchen wird geboren

„Hiiildchen — Hiiiildchen“, rief mein Vater, „hol doch mal schnell die Jungens vom Feld, die Deekausche kalbt. Aber beeil‘ dich!“

Die „Deeskausche“ war unsere beste Kuh, vier Jahre alt, mit einem riesigen Euter, das beinahe bis auf die Erde hing. In den Sommermonaten, wenn das Vieh auf der Weide war, gab sie 25 bis 30 Liter Milch am Tag. Im Ohr hatte sie eine Messingklammer, was besagte, daß sie im Herdbuch eingetragen war; also eine Kuh mit Stammbaum. Wir riefen sie „Deeskausche“, weil mein Vater sie von einem Mann namens Deeskau gekauft hatte.

Jetzt also brauchte unsere Deeskausche Hilfe, und ich schwang mich schnell auf‘s Fahrrad, um Werner und Alfred — meine Brüder — zu holen. Sie wurden trotz ihrer stolzen siebzehn und fünfzehn Jahre und lauthalsen Protests ihrerseits von meinen Eltern „Jungens“ genannt. Sie befanden sich jetzt „hinterm Berg“ beim Miststreuen. Dieser Berg war eine kleine, sandige Anhöhe inmitten der Felder, im Winter wurden hier unsere Kartoffeln und Rüben eingemietet. Im Sommer aber war hier für uns Kinder ein idealer Spiel- und Buddelplatz.

„Werner, Alfred, kommt schnell nach Hause, rief ich schon von weitem, „ihr müßt Papa helfen, die Deeskausche kalbt.“

Meine Brüder spickten ihre Forken in die Erde und rannten gleich los.

Mich beschäftigte ein Gedanke: Ob ich heute wohl mal zusehen durfte wie eine Kuh kalbt? Ich war doch schon zehn Jahre alt und glaubte sowieso nicht mehr daran, daß die Kuh ihr Kälbchen aus dem Mist kratzt, wie meine Mutter es mir erzählt hatte. Ob ich Papa fragte? Ich setzte mich auf die Bank vorm Haus und spitzte die Ohren, ob aus dem Stall etwas zu hören war. Da sah ich meine Mutter aus dem Stall kommen, und sie rief mir zu: „Hildchen, bring‘ uns schnell noch einen Strick aus dem Schuppen!“

„Ist gut, ich hole einen“, rief ich zurück.

Zogen die etwa das Kälbchen mit dem Strick aus dem Leib der Kuh? Schnell suchte ich im Schuppen eine längeren Strich und brachte ihn in den Stall. Ich wurde gar nicht beachtet und konnte so sehen, was da im Halbdunkel des Stalles vor sich ging: Am Boden, auf goldgelbem Stroh, lag unsere, stets so geduldige, Deeskausche. Vor ihrem Hinterteil kniete mein Vater und band gerade einen Strick an einen heraussteckenden Kälberfuß. Ich ging zum Kopf der „Gebärenden“ und kraulte sie sanft zwischen den Hörnern. Ihre großen Samtaugen schauten ergeben drein, und eine Träne, die sich aus ihrem Auge gelöst hatte, versickerte an ihrem Maul.

„Hau ruck“, hörte ich meinen Vater rufen, und noch einmal „hau ruck“, gemeinsam mit meinen Brüdern zog er an zwei

Stricken. Ich ging nach hinten und sah gerade noch, wie das Kälbchen, mit den Füßen und dem Kopf voran, aus einer blutig-schleimigen Hülle flutschte. Meine Mutter band sofort mit einem Zwirnsfaden die Nabelschnur dicht am Bauch des Kälbchens ab und durchtrennte sie dann, ein Stück tiefer, mit der Schere. Werner brachte frisches Stroh, und mein Vater rieb das neugeborene Kalb tüchtig trocken. Ganz gelockt sah das schwarz-weiße Fellchen aus. Das Kälbchen zappelte etwas, dann hob es den Kopf an, bewegte das Schwänzchen, als wolle es sich vergewissern, ob auch alles funktioniert, kniete auf den Vorderfüßen, versuchte hochzukommen und — kippte wieder um. Der zweite Versuch gelang dann, und es stand, wenn auch noch etwas unsicher und wacklich, auf seinen staksigen Beinchen.

„Das is aber ein feines Tierchen“, sagte bewundernd mein Vater, „und sogar eine „Sie“. Wenn die mal so wird wie ihre Mutter, — das wär‘ fein! Weißt, Mutter, nun melk‘ man de Deeskausche und dann backst uns Beestflinsen.“

„Au ja, prima“, stimmten wir drei Kinder ein. Beestflinsen gab es ja nur wenn eine Kuh gekalbt hatte und wir aßen sie alle für unser Leben gern. Sie wurden aus der ersten Milch, die die Kuh nach dem Kalben gab, gebacken und waren, weil die Milch jetzt besonders fett, sehr schmackhaft.

Ich streichelte das Kälbchen zart am Maul, und eh‘ ich mich versah, hatte es schon meine Hand mit der Zunge erwischt und saugte hingebungsvoll an meiner Hand. „Na, warte nur“, sagte meine Mutter, „wenn ich gemolken habe, bekommt erst unser Kälbchen seine Milch.“

So geschah es dann auch: Kälbchen bekam seine Milch und wir unsere Beestflinsen.

In meiner Heimat kehrt der Frühling ein

Feld und Flur, sie sind erwacht,
schmücken sich mit zartem Grün.
Frühling, er kam über Nacht,
und die ersten Blumen blühn.
In meiner Brust erwacht ein Sehnen,
spür' ich den Frühlingssonnenschein,
die Träume werden schwer von Tränen,
denk' an die Heimat ich mein.

In meiner Heimat zieht der Frühling ein,
und ich bin fern von ihr, und ich bin fern von ihr,
die blauen Leberblümchen blühn
und senden Grüße mir,
und senden Grüße her zu mir.

Kiebitze, Lerchen und der Star
und der gute Adebar
ziehn im warmen Sonnenschein
jetzt in unsere Heimat ein.
Im Wald ertönt ein Jubilieren,
die Birken stehn in zartem Grün,
und Wiesen Buschwindröschen zieren
und gelbe Butterblumen blühn.

In meiner Heimat zieht der Frühling ein...

Wollgrasköpfe wiegt der Wind
auf dem flockig-braunen Moor,
Kranichschrei die Luft durchdringt,
ihn vernimmt nur fremdes Ohr.
Die gute, schwarze Heimaterde,
sie wird gepflügt von fremder Hand,
und Gott läßt wieder Frühling werden
in unserem alten Heimatland.

In meiner Heimat zieht der Frühling ein...

De Joahrestide

Wenn oppem Hoff ligd dicker Modder
un vär de Där e Oppweschkodder,
wenn de Starmatz oppem Stall
piept sien scheenet Leedke all,
wenn öck noah Läwerbleemkes goah —
ös bi ons dat Freejoahr doa.

Seekt de Oadeboar noah Pogge
un mannshoch ös all de Rogge,
brennt dat leewe Sonnke noch,
un de Schwoalkes fleeje hoch,
merkt e jeder, uck e Dommer —
ös bi ons Tohus nu Sommer.

Brukst du väl dem Räjen schörm,
äwert Land doa fäje Störm,
sönn de Felder alle koahl,
un de Kroankes möt Gekroahl
fleeje nu all utem Norde —
ös bi ons et Harwst geworde.

Rote Näs un stiefe Finger,
annem Peerdebuk de Klinger,
Schlädkes foahre öm witte Woold,
un de goode Stoaw blewt koolt,
denn kanst ganz gewöß du senn —
so feert sich de Winter enn.

Unser Frühlingsfest — Ostern

Eine meiner heitersten Erinnerungen an Ostern ist ein Erstfeier-Nachmittag im Garten meiner Cousine Anita. Wir waren beide gleichaltrig und kluckten oft zusammen.

An diesem betreffenden Ostertag war ich von Anitas Mutter eingeladen worden, gemeinsam mit ihren Kindern, Ostereier zu suchen. Die Nester waren in dem großen Garten, den noch kein grünes Gras zierte, versteckt worden. Es dauerte nicht sehr lange, da hatte zuerst Anitas Bruder sein Nest entdeckt, dann ihre ältere Schwester, schließlich ich. Nur Anita irrte noch über das lange dürre Gras, schaute unter jeden Strauch, bog Grasbüschel auseinander — es gab keine Stelle, wo sie noch hätte suchen können.

Sie hatte schon Tränen in den Augen.

„Das gibt es doch garnich — nei, das gibt es doch nich", brabbelte sie vor sich hin. „Zum Schinder noch eins", fluchte sie laut und stieß mit dem Fuß ein Stück Teerpappe fort, das auf dem trockenen Grasboden lag.

Nicht nur die Teerpappe flog fort, auch ein buntes Etwas — ein gefärbtes Hühnerei zerplatzte unter dem wütenden Fußtritt und flog einige Meter weit.

Nach unserem anhaltenden Gelächter bestaunten wir das fantasievolle Versteck: Die Eier waren in eine kleine Mulde gelegt, mit trockenem Gras abgedeckt, darüber war die Teerpappe gelegt gewesen.

Mit fünf Jahren glaubte ich noch immer an den Osterhasen. Alljährlich bestaunte ich das farbenprächtige Osternest, das der Osterhase in unserer Lindenlaube hingelegt hatte, freute mich an den kleinen Zuckereiern, den grün-schwarzgesprenkelten „Kiebitzeiern" und dem großen, in Silberpapier gepackten Osterhasen.

Zweifel an der Existenz eines Osterhasen kamen mir, als ich, sechsjährig, am ersten Osternfeiertag an unserem Misthaufen ein buntes Durcheinander von Farbflecken entdeckte, die genau die Farben meiner Ostereier aufwiesen.

Ich überlegte: Hatte ich nicht schon eine der Farben außen an meinem Kaffeetöpfchen entdeckt, und hatte Mama mir nicht verboten, am Sonnabend-Nachmittag in die Küche zu kommen? Ausgegossene Farbe — Ostereier — Kaffeetöpchen — Mama färbte die Hühnereier selbst!

Aufgeregt lief ich in die Küche zu meiner Mutter.

„Mamachen", platzte ich heraus, du hast die Eier gefärbt, stimmt?"

Meine Mutter schmunzelte.

„Na ja, — wo du mich so direkt fragst — ja, ich hab' die Ostereier gefärbt."

„Dann gibt es gar keinen Osterhasen?"

„Nein, Hildchen. Ist ganz gut, daß du es weißt, wo du doch in ein paar Tagen zur Schule kommst. Aber laß man — deine Ostereier wirst du auch weiter in jedem Jahr bekommen."

„Kein‘ Weihnachtsmann gibt es — kein‘ Osterhase — gibt denn wenigsten den lieben Gott“, fragte ich mit weinerlicher Stimme.

Mutter schaute etwas verwundert.

„Den lieben Gott gibt es wirklich. An dem mußt du immer glauben.“

„Aber den sehe ich doch auch nie!“

„Aber er sieht dich! Er sieht alles was wir machen, er behütet uns alle, er läßt die Sonne, den Mond, die Sterne scheinen, läßt alle Blumen, Pflanzen und Bäume wachsen, der liebe Gott kann einfach alles.“

Mein kleines Hirn versuchte, das Gehörte zu verarbeiten, aber es gelang nicht so recht. Bald waren meine Gedanken wieder bei dem nicht existierenden Osterhasen.

Ostern, wie auch Pfingsten und Weihnachten, feierten wir bei uns drei Tage. „Wir müssen die Feiertage begleiten“, oder „Wir müssen die Feiertage abbringen“, hieß es.

Natürlich wurde vorher Kuchen und Fladen gebacken, auch eine Ostertorte, hübsch verziert mit bunten Zuckerostereierchen, durfte nicht fehlen. Aber speziell zum Gründonnerstag wurde der „Gründonnerstagkringel“ gebacken, ein Kringel in Brezelform aus Hefeteig über das ganze Kuchenblech. Zum Kaffee dann setzte sich die ganze Familie um den Tisch, Kringel kam in die Mitte, und auf Mutters Kommando zogen alle an dem Kringel und rissen ihn auseinander. Wer das größte Stück erwischte dufte sich heimlich etwas wünschen. Ich hatte nie das Glück, das größte Stück abzureißen, meine Hand war die kleinste. Ob die Wünsche der anderen in Erfüllung gingen? Ich weiß es nicht, aber wir hatten unseren Spaß daran.

Am Gründonnerstag mußte zum Essen auch immer was Grünes auf den Tisch kommen, oft war es der erste Schnittlauch aus dem Garten, mit Glumse und Schmand vermischt. Manchmal, wenn Ostern später im Jahr fiel, fanden wir an den Grabenrändern auch schon Sauerampfer, dann gab es Sauerampfersuppe, eingebraten mit kleinen Spirkeln und gekochten Eiern, dazu Pellkartoffel.

Bei dem Wort „Ostern“ denken die Ostpreußen in erster Linie mit besonderem Vergnügen an das „Schmackostern“. Ich habe darüber nie etwas erfahren können, woher dieses Wort stammt. Kommt es vielleicht von „Schmecken“, Schmeckostern — Ostern auf den Geschmack kommen?

Das Schmackostern wurde mit jungen Birkenreisen besorgt,

es taten dies die Jungen und Mädchen aus der Nachbarschaft. Es traf immer die Langschläfer. Die Bettdecke wurde zurückgeschlagen und die Ruten traten in Aktion, auf Beine, Arme, und mit Vorliebe auf den nackten Hintern. Die Hiebe wurden mit den Worten begleitet:

Oster — Schmackoster,
fief Eier, Stöck Speck,
vom Kooke de Eck,
ehr öck dat nich hebb,
goah öck nich weg.

Schreien und Kreischen des Schmackostern gehörten dazu, sonst machte es ja keinen Spaß, und erst wenn der Malträtierte bereit war, seinen Obulus zu geben, hatte der Spuk ein Ende.

Ganz gemein war es, wenn anstelle der Birkenreiser Ruten von Stachelbeersträuchern genommen wurde! Meine Brüder bekamen den „Geschmack" einmal zu spüren, als die zwei halbwüchsigen Helmut und Alfred, die mit ihren Eltern in unserem kleinen Loshaus wohnten, am frühen Ostermorgen in das Zimmer meiner Brüder schlichen und ihre Ruten arbeiten ließen. Ich, die ich in der „Oberstube" schlief, wurde von einem mörderischen Geschrei wach, polterte schlaftrunken die Bodentreppe runter, und sah schon durch die offen stehende Stubentür meine Brüder einen wahren Indianertanz aufführen. „Fief Eier Stöck Speck — fief Eier Stück Speck", die Ruten peitschten über die nackten Beine, meine Brüder in ihrem kurzen Nachthemd tanzten von einer Ecke in die andere und riefen mit schriller Stimme „Heert opp — heert opp — ju krieje joa allet!" Da stand auch schon meine Mutter in der Tür mit einem Schälchen Eier, darauf lag ein Stück Speck und ein großes Stück Kuchen gab es auch noch dazu.

Schmackostern war ja nun nicht einfach ein Schabernack, nein, es war eine Ehre, wenn einer schmackostert wurde, es sollte ihm das ganze Jahr über Glück bringen.

Ein schöner Brauch war, Osterwasser zu holen. Dem Wasser wurde um die Osterzeit heilsame Kräfte zugesprochen, es war nach der langen Winterzeit, wo es vom Eis bedeckt war, aller schädlichen Keime befreit — und ein bischen Glaube gehörte natürlich dazu.

Das Wasser durfte nur vor Sonnenaufgang aus einem fließenden klaren Gewässer geholt werden, es durfte kein Wort dabei gesprochen werden, keine unlauteren Gedanken durften während des Weges aufkommen, am Abend vorher mußte etwaiger Streit geschlichtet gewesen sein. Diese Handlung des Osterwasserholens war den jungen Mädchen vorbehalten, wenn sie sich mit dem Wasser wuschen sollte es Schönheit bringen — und einen Mann. Wer Liebeskummer hatte, benetzte die Herzgegend mit Wasser. Mitgenommene Krüge wurden mit dem heilsamen Wasser gefüllt, das den Daheimgebliebenen, vor allen Dingen Alten und Kranken Hilfe bringen sollte.

Ich hatte von diesem Brauch gehört, und als ich zwölf Jahre alt war, beschloß ich, auch Osterwasser aus der Szeszuppe zu holen. Meine Oma, die ich sehr gern hatte und die mir unermüdlich Geschichten zu erzählen wußte, lag schon über drei Jahre vom Schlaganfall gelähmt zu Bett, und ich wünschte mir so sehr, daß sie wieder gesund würde.

Ob vielleicht das Osterwasser helfen würde?

Alle Regeln beachtend ging ich an dem betreffenden Ostermorgen um fünf Uhr los zur Szeszuppe. Ganz allein, so kam ich nicht in Versuchung, zu sprechen. In Pötschats Wäldchen, hinter dem der Fluß war, sangen bereits munter die Vögel, die hohen Tannenwipfel bewegten sich leise in der grauen Morgendämmerung, mir war ganz andächtig zumute.

Langsam ging ich den Wiesenhang zum Fluß hinunter, bog die dort wachsenden Binsen ein wenig zur Seite und schöpfte mit meinem kleinen Eimer das Waser. Ganz bewußt konzentrierte ich meine Gedanken auf meine kranke Oma — was sollte ich auch mit meinen zwölf Jahren an Schönheit oder gar an einen Mann denken!

Als ich nach Hause kam, wollte meine Mutter gerade in den Stall zum Melken gehen und wunderte sich, mich so früh fertig angezogen zu sehen:

„Wo warst du denn schon so früh, was is los mit dir?"

Sie sah das Wasser in meinem Eimer.

„Du warst doch nicht etwa Osterwasser holen?"

„Ja", sagte ich ein wenig verlegen, „ich möchte, das Omchen wieder gesund wird."

Meine Mutter war sichtlich gerührt.

„Du kommst aber auch auf Ideen, Marjell, aber v'leicht hilft. Mußt fest dran glauben."

Ich ging in's Haus, machte leise die Tür zu Omas Zimmer auf und schaute nach, ob sie noch schläft. Die Tür hatte aber doch etwas gequietscht, und Oma schlug die Augen auf.

„Was is, Hildchen, bringst all das Frühstück?“

„Nein, Omchen, ich hab dir Osterwasser geholt, damit will ich dich jetzt waschen — du sollst doch wieder gesund werden.“

Skeptisch kuckte Oma auf meinen kleinen Eimer.

„Und du meinst das hilft?“

„Bestimmt, du mußt auch ganz fest daran glauben, ich tu es auch.“

Ich holte aus der Küche ein Handtuch, tauchte es ins Wasser und wusch Oma das Gesicht ab. Dann schob ich die Ärmel vom Hemd hoch, rieb die Arme und zuletzt die Beine ab.

Oma hatte Tränen in den Augen.

„Bist ein gutes Marjellchen, Hildchen.“

Gespannt wartete ich in den nächsten Tagen und Wochen darauf, ob in Omas Zustand eine Besserung eintrat. Aber das Osterwasser hat nicht geholfen, nach gut einem halben Jahr war Omchen tot.

Vielleicht hat sie selbst nicht so recht an die Heilkräfte des Osterwassers geglaubt. Oder war ich vielleicht noch zu jung, um Osterwasser zu holen?

Torfmachen in der „Kacksche Balis“

Wir wohnten in einer Ecke Ostpreußens, in denen es fantasievolle litauisch klingende Namen gab. Nicht nur die Familiennamen — Endungen mit -ies, -eit, -at, -us, — auch die Ortsnamen stammten vielfach aus dem litauischen Sprachschatz. Unser Dorf hieß Dickschen, die Post war in Ußballen, unsere Kreisstadt war Pillkallen. Ein Nachbardorf von uns hieß Kackschen, nach ihm war das nahe gelegene Hochmoor benannt, die „Kacksche Balis“. Es war ein Gebiet von ca. 15 qkm groß, und heute bedauere ich es, daß ich nie den Mut hatte, es einmal ganz zu durchstreifen. Vielleicht war es die Angst vor Schlangen, die es dort gab, die mich davon abgehalten hat, — oder war es die geheimnisvolle Moorhexe „Rana“ die der Sage nach tief unten im Moor schlafen sollte, die mich zaudern ließ? Es war rätselhaft und schon ein wenig unheimlich, wenn sich an einer Stelle das Moor allmählich hob und eine Wölbung entstand. „Die Rana hat wieder tief Luft geholt“, sagte man dann.

Im Frühjahr entfaltete das Moor seine ganze Pracht: Da blühte der Ginster, und das Wollgras wiegte auf schlanken Halmen seine weißen Wuschelköpfe im Wind. Dazwischen standen Birken in zartem Grün, die Luft war geschwängert vom herben Porstgeruch, und dort, wo der Torf schon gestochen war, wuchsen die dicken, braunen Rohrkolben im Waser.

Im Juni, vor der Heuernte, wurde der Torf, der etwa zwei Meter aus dem moorig-braunen Wasser ragte, gestochen. Einige Wochen vorher hatte jeder Bauer in der Umgebung bei der Forstverwaltung auf einer Auktion sein Stück — meist war es eine Rute — erstanden, und es wurde für ihn nach einem aufgestellten Plan abgesteckt.

Um nun den Torf ausstechen zu können, wurden im Wasser, das bis an die Torfwände reichte, lange Pfähle getrieben und darauf ein Gerüst errichtet. Die Männer stachen nun mit einem scharfen Spaten fein säuberlich ziegelähnliche Torfstücke aus, und alle anderen verfügbaren Kräfte, Frauen und Kinder, luden die Stücke auf Schubkarren, um sie dann auf ausgelegte Bretter ein Stück weiter auf das trockene Hochmoor zu karren. Hier wurden sie zu kleinen pyramidenförmigen Torfhäubchen geschichtet. So konnte der Torf gut trocknen, er lieferte uns für den Winter billiges Brennmaterial.

War die Rute gänzlich ausgestochen — es wurden, je nach verfügbaren Arbeitskräften bis zu anderthalb Tagen dazu benötigt — begann für uns Kinder ein herrlicher Spaß: Wir durften Torf kneten! Und zwar war dort, wo der Torf runtergestochen war, war ein Damm stehen gelassen, der das Wasser abhielt; dadurch war eine Mulde entstanden, in die alle Torfreste geworfen wurden. Der Damm wurde nun ein wenig geöffnet und Wasser hineingelassen, um die Torfreste zu Brei zu mischen. Hei — wie wir da alle in der Pampe umherpatschten: Männer mit hochgekrempelten Hosenbeinen, Frauen mit geschürzten Röcken und wir Kinder, die wir sowieso meistens Turnzeug anhatten. Manch einer rutschte aus und nahm unfreiwillig ein Moorbad. (Unschwer zu erraten, daß auch manchmal nachgeholfen wurde.)

Der Torfbrei wurde mit Schaufeln nach oben geworfen, in Karren geschaufelt und in eine Form gefüllt. Die Form hob man zu zweit an, und die ziegelähnlichen Torfstücke lagen dann aneinandergereiht auf dem von Erika- und Porstgestrüpp befreitem Boden. Sie waren härter und schwerer als der gestochene Torf und hielten länger die Glut im Herd oder Ofen.

Ich kann mich nicht erinnern, daß wir jemals während des Torfstechens schlechtes Wetter hatten. Immer brannte die Sonne, die Luft über dem Moor flimmerte vor Hitze, es wurden Unmengen vom selbstgebrauten Malzbier und Säfte getrunken. Natürlich gab es zwischendurch Klein-Mittag aus dem Freßkorb, in dem Mutter große Stullen vom selbstgebackenen Brot, belegt mit Schinken, Rauchwurst und Wurst aus dem Weckglas eingepackt hatte. Mittag wurde meistens von Mutter mit dem Pferdewagen gebracht. Ein deftiger Eintopf stillte unsern Hunger, hinterher fehlte nie der Pudding. Die Mittagspause wurde stets dazu benutzt, sich mit benachbarten „Torfmachern“ zu unterhalten, die Männer schmauchten dabei ihr geliebtes Pfeifchen, es wurde auch viel gelacht, mit Torf geworfen und manchmal fiel auch einer ganz „zufällig“ mal ins Wasser.

Ich werde nie das Bild vergessen, das sich in jedem Jahr aufs Neue bot: So weit man sehen konnte, sah man Frauen mit ihren bunten Kopftüchern, Männer mit nacktem Oberkörper (die sich am Nachmittag verdächtig rot färbten), die aufgestellten Torfhocken zwischen kleinen Birken und Kaddick, und darüber der hochgewölbte tiefblaue Himmel mit der brennenden Sonne...

Liebeserklärung an unser Hochmoor

Wo Birken stehn in zartem Grün
und gelbe Dotterblumen blühn,
wo Wollgrasknöpfe wiegt der Wind,
im Schilf die braunen Kolben sind, —
in deiner Stille find' ich Ruh',
geliebte „Kacksche Balis“ du.

Wenn Storch und Kranich Einzug halten
tust du deine Pracht entfalten.
Wenn Frösche quaken ihr Liebeslied,
ein Habicht seine Kreise zieht, —
dann geh' ich zu dir und such' Ruh',
geliebte „Kacksche Balis“ du.

Wenn Hitze flimmert in der Luft,
der Porst verströmt seinen herben Duft,
gibst du aus deiner Herrlichkeit
ein Stück uns für die Winterszeit.
Für uns du opferst deine Ruh',
geliebte „Kacksche Balis“ du.

Nun bist du fern, geliebtes Moor,
doch Sehnsucht nach dir ich nie verlor!
Noch oft bin ich im Traum bei dir
und neu entsteht dein Bild in mir.
Fänd' ich noch einmal bei dir Ruh',
geliebte „Kacksche Balis“ du.

Hausmittel gegen Krankheiten oder trau nie dem großen Bruder!

Ein Arzt wurde bei uns auf dem Lande nur sehr selten in Anspruch genommen. Wer konnte schon den Doktor bezahlen, oder sich gar eine Krankenversicherung leisten. Bei den alten Menschen war es sowieso meist eine Krankheit die zum Tode führte, so wurde, so gut es ging, den Kranken Linderung verschafft nach Ratschlägen aus „Heumanns“ dickem Krankheitsbuch.

So war z. B. meine Großmutter bis zu ihrem Tode mit 76 Jahren, vier Jahre, durch einen Schlaganfall gelähmt, an‘s Bett gefesselt, ohne daß auch nur einmal der Arzt geholt wurde. Mein Großvater erkrankte mit achtzig Jahren, und er war sechs Wochen bettlägerig bevor er starb, ohne daß ein Arzt hinzugezogen wurde. Der Tod gehörte zum Leben und wurde als etwas Selbstverständliches hingenommen, und es war auch selbstverständlich, daß in der Sterbestunde eines Familienmitglieds die ganze Familie am Sterbebett versammelt war.

Ich war knapp fünf Jahre alt, und ich weiß es noch wie heute: Meine Mutter kam, als Opa im Sterben lag, zu uns in‘s Zimmer und sagte: „Kinder, kommt schnell ‘rüber, der Opa stirbt“. Da stand ich dann am Fußende des Bettes und sah wie Opas Gesicht sich allmählich fahl-gelblich verfärbte und die Kinnlade nach unten fiel.

Halfen die Hausmittel nicht, wurden Krankheiten meistens gottgewollt hingenommen. Ein typisches Beispiel hierfür war der 81jährige Bruder meiner Großmutter, der mit seiner Frau auf Altenteil bei Nachbarn lebte. Onkel Christoph war ein großer, kräftiger Mann. Seit sechs Jahren war er blind und blieb, weil es für ihn so am bequemsten war, auch tagsüber im Bett liegen. Kam man in sein Zimmer, so fiel der Blick als erstes auf ein rot-kariertes Monstrum von Himmelbett, aus dessen Mitte, zwischen den geteilten Vorhängen hindurch, dicker Rauch quoll: Onkels geliebte Pfeife, gefüllt mit bestem, von meinem Vater selbst angebautem Tabak, war in Aktion.

Etwa acht bis zehn mal am Tag reichte Onkel Christoph seine Pfeife, die ein Prachtstück aus Porzellan mit Jagdmotiv und gebogenem Schaft war, aus den Vorhängen heraus: „Mutter, stopp mi de Pip!“ Hatte seine Frau ihm die Pfeife gestopft, prüfte er erst mit seinen großen, knochigen Händen, ob auch die Pfeife richtig gestopft war und sagte dann: „Mutter, nu steck mi de Pip an." Ein Weilchen später zogen wieder dicke Rauchschwaden aus den Vorhängen. Dieses war wohl die einzige Freude, die Onkel hatte und man sollte doch denken, daß er seiner Blindheit wegen oft unzufrieden oder unglücklich war. Meine Mutter, die ihn deswegen einmal bedauerte, bekam zur Antwort: „Wat bruckt e ooler Mench sehne." (Was braucht ein alter Mensch sehen.)

Meines Vaters Standard-Hausmittel war Brennspiritus. Hatte er sich eine Verletzung zugezogen, goß er sich Brennspiritus auf die Wunde. Plagte ihn sein Rheuma, linderte Brennspiritus seine Schmerzen — behauptete er jedenfalls. Bei Zahnschmerzen traktierte er den kranken Zahn so lange mit Brennspiritus, bis der Zahn seinen peinigenden Schmerz einstellte.

Im Vertrauen auf Vaters „Heilkünste" wollte ich mich einmal an ihn wenden, ob er nicht ein gutes Mittel gegen meine alljährlich im Frühjahr wiederkehrenden Sommersprossen wüßte.

Ich fragte meinen großen Bruder Werner: „Werner, weißt du wo Papa ist?"

„Was willst von ihm?"

„Ach, ich wollte ihn fragen, ob er nicht ein gutes Mittel gegen meine Sommersprossen weiß."

„Hm", erwiderte mein Bruder und überlegte kurz, „da brauchst gar nicht Papa fragen, das kann ich dir auch sagen."

„Duu?"

„Ja", sagte er mit völlig ernstem Gesicht, „ich hab' mal gehört, daß Poggenlaiche dagegen gut sein soll. Man muß das Gesicht damit dick beschmieren und dann in der Sonne trocknen lassen."

"Und du meinst das hilft?", fragte ich skeptisch.

„Aber ganz bestimmt", nickte mein Bruder und verschwand verdächtig schnell im Stall.

So begab ich mich also zum Teich, dessen Rand große Weiden säumten, die jetzt in saftigem Gelbgrün standen und ihre langen Zweige bis zum Wasser neigten. Am Rand hatten, zwischen Entenschierling, die Frösche ihre großen Laichflatschen abgelegt. Waren die Kaulquappen — wir sagten „Pomskeilchen" dazu — geschlüpft, machte es uns immer großen Spaß, diese mit Weidenkörben aufzufischen und sie den kleinen Enten zum Fraß vorzuwerfen. Es muß für sie eine Delikatesse gewesen sein, sie fielen darüber her als hätten sie drei Tage nichts zu fressen bekommen. Ihre kleinen Kröpfe waren hinterher ganz schief, so prall waren sie gefüllt.

Was sich dann am Teich abspielte, erzählt nachfolgendes Gedicht.

Trau nie dem großen Bruder

Immer wenn das Frühjahr kam,
Sonnchen vom Himmel strahlend schien,
wollt' ich verkriechen mich vor Scham,
in meinem Gesicht da tat das blühn —!
Da kamen schnell hervorgeschossen,
wie Pilzchen aus der Erd',
so tief schwarzbraune Sommersprossen,
das war schon sehenswert.

Wie ich nun so bedrückt saß da
und wußt' mir keinen Rat,
das nun mein großer Bruder sah
und zu mir sagen tat:
„Schmier dein Gesicht voll Poggenlaich,
halt in die Sonne das Gesicht,
dann werden die Sommersprossen bleich."
Er nickt mit großer Zuversicht.

Ich ging zu unserem kleinen Teich,
der gleich am Schauer lag,
da schwamm die dicke Poggenlaich,
ich grapschte raus mir gleich ein Schlag.
O je — ich konnt' mich nicht begeistern,
das sollt' ich in's Gesicht mir schmiern?
Doch tapfer tat ich mich bekleistern,
was konnte mir schon groß passiern!

Dann huckt ich in die Sonn' mich hin,
hielt ihr die Freß entgegen,
schon bald ich ganz bedammelt bin,
kann nicht das Maul bewegen.
Das piesackt v'leicht, das spannt und prickelt,
das hält bestimmt kein Aas nicht aus.
Egal was sich da hat entwickelt —
ich nehme aus der Sonn' Reißaus
und wank zur Pump', mir ist ganz schwummrig,
schwauksch Wasser mir gleich in's Gesicht,
gleich wird das wieder alles glabbrig,
ich schurjel runter mir die Schicht.

Na, nun bin ich vielleicht gespannt
und renn zum Spiegel hin;
ich hätt' bestimmt mich nicht erkannt,
wenn ich nicht wüßt, daß ich das bin:
Krebsrot und schwarz besprenkelt
als hätt' ich Wabbel um die Freß,
darüber meine Nase blänkert —
mein Lebtag ich das nicht vergeß!

Und die Moral von der Geschicht?
„Trau nie dem großen Bruder nicht!"

„Dat Schiet schmeckt goot!“

Unsere Szeszuppe war ein friedlich dahinfließendes Flüßchen, so breit, daß man bequem einen Stein zum anderen Ufer hinüberwerfen konnte.

Aber wehe, wenn die Schneeschmelze einsetzte! Dann konnte man weithin das Bersten der Eisdecke hören, das Eis türmte sich übereinander, nach einigen Tagen begann der Eisgang und verwandelte den vom Winterschlaf geweckten Fluß zu einem reißenden Strom. Er überschwemmte die Wiesen, drängte sich in die Bäche und setzte fast in jedem Jahr den Kern unseres kleinen Dorfes unter Wasser.

War das Hochwasser zurückgegangen, standen noch lange die den Fluß säumenden Weiden- und Erlenbüsche unter dem trüben, lehmigen Wasser und auf den vorher überschwemmt gewesenen Wiesen lagerten dicke Eisschollen. Dann kam nicht nur der Stintkahn vom Kurischen Haff, dann hatte auch mein Opa, der noch bis achtzig Jahren ein begeisterter Fischer war, den besten Fang. Er warf Schnüre aus, setzte Netze und Reusen, die er „Wenter“ und „Butschus“ nannte. Er sprach noch viel litauisch.

Es geschah nicht selten, daß er pudelnaß nach Hause kam, weil er, von Statur klein und schwächlich, beim Einziehen der schweren Netze in‘s Wasser gerutscht war. Er schimpfte dann, für mich unverständlich, in litauisch vor sich hin, gestikulierte mit den Armen, und sein schöner, weißer Bart hüpfte dabei auf und nieder.

Einmal bin ich bei ihm wohl sehr in Ungnade gefallen: Er hatte sich zum Einfärben seiner Netze von meinem Vater Farbe besorgen lassen, und mein Vater bat mich, ihm diese in seine Stube zu bringen. Die Farbe war, ähnlich einem Konfektstück, in Silberpapier eingewickelt, und ich gab sie meinem Opa, der auf der Ofenbank saß, mit den Worten: „Opa, hier ist deine Farbe“, und ich lief wieder hinaus. Mein Opa, schon etwas schwerhörig, hatte mich wohl nicht verstanden was ich gesagt hatte, im Zimmer war es auch schon etwas schummrig, und er steckte die Farbe in den Mund, in der Meinung, es sei Konfekt.

Ich werde das Bild, das sich uns kurz darauf bot, nicht vergessen: Wir sitzen alle beim Abendbrot, da kommt unser kleiner Opa in die Küche gepoltert, spuckt, schimpft, spuckt, die Spucke verläuft in seinem Bart, sein weißer Bart färbt sich lilarot, — wir sind alle sprachlos!

„Hildke — Hildke — wellst du mi vergefte, - tschp“ spuckt er, „öck denk‘ dat ös Föllbonbon met Schokoload, — tschp — doa merk öck, dat dat Farv ös. De Diewel sull di hoale!“

Doch nun zurück zu unserer Szeszuppe. — Den ganzen Sommer über war sie für die heranwachsende Jugend aller anliegenden Dörfer ein Badeparadies. Ob während der Erntezeit in der Mittagspause — für die Mädchen erst nach dem Abwasch —, ob am Feierabend nach dem Beschicken, ob am Sonntag, — hier traf man sich zum Baden, Schwimmen, Tauchen, Herumalbern, Klönen, oder auch hier und da zum Poussieren.

Mit den Dorfbewohnern aus Galbrasten, die auf der anderen Seite des Flusses wohnten, hatten wir wenig Kontakt. Die nächste Brücke war im sechs Kilometer entfernt liegenden Wedereitischken, wo auch unsere Kirche stand und ich dort zwei Jahre den Konfirmanden-Unterricht besuchte. (Im Winter, bei strengem Frost und Schneeverwehungen, war das wahrhaftig kein Zuckerlecken!) Wollten wir im Sommer in den Trappöner Forst, wo es die meisten und schönsten Blaubeeren und Pilze gab, wateten wir, sofern der Wasserstand des Flusses niedrig war, an einer flachen Stelle durch; aber bis über die Knie oder bis zum Po — je nach Größe — ging das Wasser dennoch.

Eine andere Möglichkeit bot sich uns, wenn das Langholz, das mehrmals jährlich aus den litauischen Wäldern zu den Zellstoffabriken nach Ragnit oder Tilsit in der Szeszuppe auf Reise geschickt wurde, an einer Stelle durch sich quer stellende Stämme blockierte. Die herantreibenden Stämme verfingen sich dort und bildeten eine lange Brücke, auf der man trockenen Fußes zur anderen Seite marschieren konnte.

Eine dritte Möglichkeit die Szeszuppe zu überqueren hatte man, wenn man die alte Frau Kliemant, die hoch über dem Fluß am Ende von Pötschats Wäldchen ihr kleines Anwesen hatte, darum bat, mit ihrem Kahn überzusetzen. Obwohl sie dafür zwei Dittchen nahm, hatte sie oftmals keine Lust dazu, und sie zeigte ungeniert ihre schlechte Laune. Aber ihr gutmütiger Bernhardinerhund „Pollo“, fast so groß wie ein Kalb, machte uns Kindern viel Freude! Er begrüßte uns immer schwanzwedelnd, reichte uns unaufgefordert seine dicke Pfote, und ihm schien es sogar zu gefallen., wenn wir mit ihm Reiterspiele trieben.

Die linke Gesichtshälfte von Frau Kliemant war, anscheinend durch einen Schlaganfall, verzerrt, ein Auge halb zu, was

ihr ein groteskes Aussehen verlieh und sie mitunter zum Gespött der Dorfkinder wurde. War Erntezeit, wurden Runkelrüben gepflanzt oder Getreide gedroschen, wurde sie von meinem Vater zum Helfen geholt, was sie anscheinend gerne tat.

So war sie auch bei uns als wir Rüben pflanzten, meine Mutter hatte zum Kaffee einen Berg Waffeln gebacken, und wir saßen alle, tüchtig zulangend, am Küchentisch. Die „Kliemantsche" — wie sie von uns allen nur genannt wurde — nahm ein Waffelherz, führte es dicht an die Augen, besah es sich gründlich, kostete, schmatzte genüßlich und verkündete mit ihrer hohen, krächzenden Stimme:

„Dat Schiet schmeckt goot!"

Wir prusteten alle los vor Lachen, mein Bruder Alfred verschluckte sich, und die Kliemantsche guckte ganz verständnislos. Für uns war ein neues Schlagwort geboren!

Mein Mann, der Berliner ist und dem ich die Geschichte schon vor 35 Jahren erzählt habe, sagt heute noch oft „Dat Schiet schmeckt goot!"

Mein Opa

Mein Opa war all achzig Jahr'
und konnt bald nuscht mehr sehen,
doch sonst er noch ganz rüstig war
und tat gern fischen gehen.
Im Frühjahr, wenn die Schneeschmelz' kam
auf unserer Scheschuppe,
die Ufer wurden unwegsam;
doch das war Opa schnuppe:
Er warf die Angel weit hinaus,
die „Butschus" und die „Wenter",
und oft rutscht' er dabei auch aus,
er wog man gut ein Zentner.
So manchmal war ganz pudelnaß er,
schimpft' dann auf litau'sch vor sich hin,
die Dippchen voller Wasser
tat er die Netz' einziehn.
Hatte er dann Hecht' gefangen,
gar Aale oder Quapp,
dann bibberten die Wangen,
sein weißer Bart hüpft' auf und ab.
Die Fisch' bracht' Opa stolz nach Haus
und warf sie auf den Tisch:
„Da, Mutter, nimm die Dinger aus,
nu hast für drei Tag' Fisch!"
Die setzt sich auf den Brunnenrand,
umgeben von dem Federvieh,
und auch die Katz' kommt angerannt —
vielleicht fällt auch was ab für sie.
Und ich steh da und jampel,
daß ich gleich krieg die Blas',
denn wenn ich mit dem Fuß rauftrampel
dann tut laut knallen das.
Ein Huhn, das ich erst weggeschichert,
grapscht sich die Blas' gleich weg,
und Oma zahnlos kichert:
„Die had nu auch noch Zweck!"

Der Mord in unserem Dorf

Diese Kriminalgeschichte hat sich vor 50 Jahren in unserem, sonst so friedlichen, abgelegenen Dorf Dickschen, später Lindbach, zugetragen. Es war dies so ein ungeheuerliches Geschehen, daß es mir, obwohl ich damals erst acht Jahre alt war, lebhaft in Erinnerung geblieben ist.

Es war an einem dunklen, stürmischen Abend, Anfang November 1934. Wir saßen in der warmen Küche beim Abendbrot, meine Eltern, meine beiden Brüder, Tante Gustel und ich. Die Petroleumlampe blakte mal wieder etwas, und meine Mutter schraubte den Docht ein wenig zurück. Ab und zu heulte der Wind böig im Schornstein auf, rüttelte an die Fenster, und Regentropfen peitschten gegen die Scheiben.

„Na, wie gut, daß wir mit unserem Hausbau schon fertig sind, was Mutter?“, sagte mein Vater. „Was haben wir für ein Glück gehabt, daß das Wetter sich so lange gehalten hat, kein Regen in den sechs Wochen. Dafür ist heute ein Wetter, daß nich den Hund ‘rausjagen möchtest.“ Er nickte zufrieden, spießte sich ein Stück fetten Speck mit dem Messer auf und steckte es sich in den Mund. Wir hatten unser Haus umgebaut, und das in sechs Wochen! Der Dachstuhl, der vor etlichen Jahren erneuert worden war, war mit dicken Holzsteifen abgestützt gewesen, und die Holzwände des alten Hauses waren durch massive Wände ersetzt worden. Nachbarn hatten geholfen, von der 12 Kilometer entfernten Ziegelei in Budwethen Ziegel anzufahren. Während der Zeit des Umbaus hatte meine Tante bei ihrer Freundin Lenchen Pötschat gewohnt, die etwa einen halben Kilometer von uns entfernt einen 180 Morgen großen Hof hatte. Fräulein Pötschat war nicht verheiratet und führte den Hof ganz allein, vorbildlich! Sie hatte zwar noch einen Bruder, der aber im Krieg verschüttet gewesen war und sich ein Nervenleiden zugezogen hatte. Der Bruder lebte mit der anderen, auch unverheirateten Schwester in einem, vom Hof abseits gelegenen Altennehmerhaus, dem schon erwähnten Neubau. Lenchen Pötschat war allseits sehr beliebt, hatte viele Freunde, und ihr Personal sprach nur von „onserm Freileinke“. Sie war meine Patentante und für mich „Tante Lenchen“. Sie besaß das erste Telefon in der Umgegend und auch das erste Radio. Ich sehe sie noch vor mir, wenn ich in ihrem großen Schaukelstuhl saß und sie am Radio (mit Akku und Anode) an den Knöpfen und den großen, grünen Flügelschrauben drehte. Erst knisterte und jaulte es fürchterlich aus dem Apparat, doch dann schälte sich eine Melodie heraus: ... „das gibt's nur einmal, das kommt nie wieder ...", oder „... es muß ein Stück vom Himmel sein ..." Dann trällerte sie fröhlich mit, hob mich aus dem Schaukelstuhl und wirbelte mit mir im Zimmer herum. Ich liebte meine Tante Lenchen sehr! Wie war sie prächtig anzusehen, wenn sie auf ihrem Lieblingspferd „Isolde", einer braunen Trakehnerstute, saß. Und furchtlos war sie! Schlug des Nachts der Hund an oder es war ein verdächtiges Geräusch zu hören, so zog sie sich an, griff ihren Revolver, den sie stets unter ihrem Kopfkissen hatte, und ging um das Gehöft.

„Lenchen, Lenchen, sei nicht so leichtsinnig", sagte meine Tante Gustel des öfteren zu ihr, „dir wird noch mal was passieren!"

„Iii — wer wird mir was tun?", war stets ihre Antwort.

Nun also, wir saßen beim Abendbrot, als unser Hund anschlug, gleich darauf polterte es im Flur, und Ernst, der Großknecht von Pötschats Hof, riß die Tür auf. Er sah ganz blaß und verstört aus und stieß hervor: „Onser Freileinke — onser Freileinke — se ös ermordt! Ermodet ös se!"

Wir waren alle wie erstarrt.

„Aber — aber wie ist so etwas nur möglich? Ich bin doch erst vor einer halben Stunde von ihr fortgegangen! Wie ist denn das nur passiert?", sagte verstört meine Tante.

„Durch's Fenster! Durch's Fenster is se erschossen! Da war bloß ein Stückche nich der Vorhang zugezogen, und durch den Spalt is se erschossen worden. Se hat am Tisch gesessen und sich aufgeschrieben, was se morgen vom Markt mitbringen will."

„Ja, ja," sagte meine Tante, „sie hat mich noch gefragt, was sie für mich mitbringen soll. Mein Gott — mein Gott, ich kann das gar nicht fassen", weinte meine Tante auf. „Habt ihr denn schon die Polizei gerufen?", wollte meine Tante wissen.

„Ja, das haben wir, und die Anna hat auch gleich den Slemties (er war unser Amtsvorsteher) gerufen, der will alles in die Wege leiten. Ja, denn muß ich auch all zurück, ich wollte euch bloß schnell Bescheid sagen. Das is vielleicht e Anblick, — wie unser Fräuleinche in ihrem Blut liegt", schluchzte Ernst auf.

„Erbarmung — wer kann sowas bloß getan haben? Warum bloß? Wo die Lenchen bei allen so beliebt war", sagte ratlos meine Mutter.

Ernst verabschiedete sich und ging wieder.

Als erste waren der Amtsvorsteher Slemties und der hiesige Gendarm Pohl am Tatort, befragten das Personal, die aber, außer daß sie den Schuß gehört hatten, nichts zu sagen wußten. In der Nacht kam noch die Mordkommission, die auch einen Spürhund mit hatte, aus Tilsit, und der Oberstaatsanwalt aus Insterburg stellte Untersuchungen an. Ein Raubmord konnte ausgeschlossen werden, der Schuß war eindeutig durch das Fenster gekommen.

Am Fußboden fand man ein kleines, zerknülltes Stück Zeitungspapier, das noch eine bedeutsame Rolle spielen sollte. Von draußen kam der Hundeführer mit dem Spürhund an der Leine, und dieser ging schnuppernd auf den Bruder Franz zu, der inzwischen mit seiner Schwester eingetroffen war, und verbellte ihn. Franz wurde, obwohl er heftig protestierte, festgenommen. Auch Slemties beteuerte, daß dieser nie und nimmer der Mörder sein könne. Franz war, obwohl nervenkrank, äußerst gutmütig und friedfertig und er hatte zu seiner Schwester ein sehr herzliches Verhältnis gehabt. Bei einer Haussuchung in Franz‘ Wohnung fand man ein Jagdgewehr, und dies bestärkte den Verdacht der Kriminalbeamten noch.

Der Verdacht des Amtsvorsteher Slemties und der des Gendarms Pohl gingen in eine andere Richtung: Ein etwa 35jähriger Mann aus dem Nachbarort, mit dem Vornamen Martin, hatte sich schon verschiedener Straftaten schuldig gemacht, so des Getreidediebstahls und der Wilddieberei. Auch der Brand einer Scheune wurde ihm angelastet, konnte ihm aber nicht nachgewiesen werden.

Hier muß ich einflechten: Als unser Haus während des Umbaus auf Steifen stand, kam auch Martin mit einer Fuhre Ziegel. Er schaute auf das gestützte Dach, grinste breit und sagte zu meiner Mutter: „Ei, wenn öck nachts war koame un dä Pröckels losschloage — dat weer e Spoaßke, wat?“ Meine Mutter bekam einen gewaltigen Schreck. Sie ließ sich aber nichts anmerken und erwiderte ihm in ihrer ruhigen Art: „Aber Martinke, dat warscht du doch nich doone, denn weere wi doch alle doot, un dat wellst doch bestemmt nich.“ Martin lachte nur. Meine Mutter hatte fortan nicht mehr ruhig schlafen können, bei jedem Geräusch war sie am Fenster.

Am anderen Tag wurde Martin verhört, der Verdacht hatte sich erhärtet. Ein junger Mann, mit dem Martin verkehrte, hatte ausgesagt, daß Martin beim gemeinsamen Schnapstrinken gesagt hätte: „Wer die Pötschat umbringt, kriegt von mir einen Liter Schnaps." Auch Martins Bruder wurde vernommen und erklärte, daß Martin am Abend des Mordes schweißgebadet nach Hause gekommen wäre und sich dann schlaflos im Bett herumgewälzt habe. So wurde Martin zusammen mit dem Bruder Franz zunächst in eine Zelle nach Lasdehnen gebracht. Franz wurde bald darauf entlassen, weil sich herausgestellt hatte, daß aus dem Gewehr seit längerer Zeit nicht geschossen worden war. Noch nach Jahren konnte Franz sich nicht damit abfinden, daß er zusammen mit dem Mörder seiner Schwester in einem Auto sitzen mußte. „Denken Sie nur", so erzählte er immer wieder, „in einem Auto mit dem Mörder meiner Schwester mußte ich sitzen!"

In Kleinarbeit trugen nun die Kriminalbeamten alles zusammen, was zur Verurteilung Martins führen sollte. Die Zeitungen — „Ostpreußische Grenzzeitung" und die „Tilsiter Allgemeine" — berichteten täglich von diesem so ungeheuerlichen Ereignis. In unserer friedlichen Ecke ein Mord! Und gar noch in unserem Dorf! Bei allen Leuten in der Umgegend war dieses der Gesprächsstoff Nummer eins. Des öfteren sahen wir das Auto der Kriminalbeamten, wo sich zu der damaligen Zeit so gut wie nie ein Auto in unserem Dorf verirrte. „Da sind wieder die Geheimen", tuschtelten wir Kinder uns, ehrfürchtig erschauernd, zu.

Unweit des Gehöfts von Martins Eltern wurde im Wald unter dichtem Tannengesträuch Martins Waffenversteck und einige Geweihe gefunden, die von seinen Wilddiebereien stammten. Die Gewehre, drei Stück, waren alle fein säuberlich geputzt und geölt, so daß ein frisch abgegebener Schuß ihm nicht angelastet werden konnte. Jedoch mit etwas anderem gedachte die Kriminalpolizei ihn zu überrumpeln. Das Stück Zeitungspapier, das am Tatort gefunden wurde, stammte aus dem selbst gebastelten Geschoß und war aus der „Georgine", unserer landwirtschaftlichen Zeitung. Man sagte Martin, daß der Rest der Zeitung, in den der Papierfetzen hineinpaßte, in seinem Zimmer gefunden wurde. In die Enge getrieben, gab er zu, das Geschoß zwar angefertigt zu haben, aber nicht für sich, sondern für seinen Freund Otto. Den Nachnamen wüßte er nicht.

Nun wurden aus der ganzen Gegend alle Männer zusammengeholt die „Otto" hießen und Martin gegenüber gestellt. Mal wies er auf diesen, mal auf jenen Mann, zum Schluß mußte er zugeben, daß der richtige nicht anwesend war. Große Empörung herrschte unter den sechszehn Ottos, waren sie doch alles unbescholtene Männer, darunter zwei Großbauern und mußten nun so etwas über sich ergehen lassen!

Ein ganzes Jahr dauerte es, bis Martin der Prozeß gemacht wurde. Alle verfolgten gespannt den Prozeßablauf, der in den Zeitungen ausführlich geschildert wurde. Aufgrund von Indizien wurde Martin zum Tode verurteilt, obwohl er immer wieser seine Unschuld beteuerte. Die Staatsanwaltschaft legte ihm dann nahe, ein Geständnis abzulegen, dann könne er vielleicht begnadigt werden.

Martin gestand. — Und nun erfuhr man auch den Grund, warum Lenchen Pötschat so unsinnig sterben mußte. Martin hatte, vierzehn Tage bevor der Mord geschah, von Tante Lenchens Speicher 23 Zentner Getreide gestohlen, und er hatte Angst, daß er, da er das Getreide verkauft hatte, ermittelt werden könnte. Tante Lenchen hatte nämlich geäußert, daß sie, wenn sie das Getreide sehen würde, es erkennen würde; dieses war Martin zu Ohren gekommen. Bei den Ermittlungen nach dem Getreidediebstahl hatte man in mehreren Ankaufsstellen für Getreide nach verdächtigen Verkäufern geforscht, aber ausgerechnet in der „Raiffeisen-Genossenschaft" hatte man es versäumt, nachzufragen. Und hier hatte Martin das Getreide verkauft. — Martin wurde nicht begnadigt, er wurde hingerichtet.

Mine Sehnsucht

Hide Nacht doa wachd vom Schloap öck opp
de Ooge voller Dräne.
Mi dreemt, öck weer an de Scheschopp,
häw „Pötschats Woold“ jesehne.
De Läwerbleemkes bleejde wie doll,
— so häw öck dat als Kinder erläwt —
de ganze Barg am Woold weer voll,
— joa, sowat hied' öm Droom man jäwt.

Un doa, — nu seh öck onser Hus,
oppe Schien steiht noch dat Storchenest!
Ons' Katz bringt angeschleppt e Mus
un uck de Hund kömmt anjepeest.
He stuckst mi an möt sine Schnut,
döm Kopp an mine Knee he röwt,
öck pack sin Fell un ween mi ut,
— joa, sowat hied' öm Droom man gäwt.

Doa hinde oppem Feld denn goar
min Voader ös bim Pleeje;
hinder öm marscheert de Oadeboar,
he wöll de Wörmer kreeje.
Min Brooder ös bim Woaterpompe,
— de Schwengel quietscht, wenn he sich häwt —
dat Woater schwaukscht öm önne Klompe,
— joa, sowat hied' öm Droom man jäwt.

Öck goah öm Stall to mine Peerd,
de Mutter ös jeroad bim Melke.
Se sägd, wo se mi koame heert:
„Wo weerscht so lang, Marjellke?“
Öck gäw är schnell e Butsch oppet Mul,
— et de Dräne ön mine Ooge dräwt —
öck pack se om un huul — un huul —
— joa, sowat hied' öm Droom man gäwt.

Öck benn e ostpreußisch‘ Marjell

Öm Oste, öm Weste, öm Süde, öm Norde,
man schabbert, man babbelt,
man snakt un man schwäddst,
ös manchmoal uck Eener all hochdietsch geworde —
dä hätt sine Sproak nie geschätzt.
Herr Meyer dä seggt: „Ick bin een Berliner“,
Herr Moser dä seggt: „I bin halt a Wiener“,
un öck lächel frindlich un antwort denn schnell:
„Öck benn e ostpreußisch‘ Marjell!“

Bi ons oppem Land doa schabberd man platt,
to fein weer man sich doafär önne Stadt,
un uck önne School mußd wi räde manierlich,
hier sprachen wir alle hochdeutsch natürlich.
Doch denn, önne Pause, doa schabberd wi platt
un vergäte doch alle dat Hochdietsche glatt,
aber plattdietsch vergäte, dat geiht nich so schnell
bi e echte ostpreußisch Marjell!

Mine Muddersproak leew öck, dat ös moal woahr,
un waart uck so bliewe, so lang wie öck läw.
Koam öck moal to Petrus, denn ös dat wohl kloar
wat öck fär e Antwort emm gäw:
„Ach, Petrus“, segg öck, „weetst du wer öck benn?“
„Joa, joa“, lacht he, „nu komm man schnell renn,
heerscht du wie de Engelkes singe all hell:
Durt kömmt e ostpreußisch Marjell!

Joa, wie ös dat, könn ju mi verstoahne,
verstoahne min ostpreußisch Platt?
Öck meen, dat darf nie vergoahne
so lang man e Muul noch hat!

Geheimnisvolle Lucht

Meinen heutigen Träumen nach zu urteilen, muß unsere Lucht einen unauslöschbaren Eindruck auf mich hinterlassen haben.

Sie hat mich als Kind magisch angezogen und war mein schönster Spielplatz. Stundenlang konnte ich dort zwischen den abgestellten und zum Teil ausrangierten Sachen wühlen und kramen, besah, befühlte alles, prüfte einige Dinge auf ihre Verwendbarkeit für fantasievolle Spiele, mich störte nicht einmal der Mottenpulvergeruch.

Besonders die große Truhe mit den abgelegten Kleidern hatte es mir angetan, und, wie wohl alle Kinder, verkleidete ich mich für mein Leben gern. Mal schlüpfte ich in Mutters Brautkleid und die dazu gehörenden weißen Schnürschuhe um „Braut" zu spielen, und wenn ich Opas alten Gehrock anzog spielte ich „Bräutigam". Hatte ich Papas alten „Pfeffer- und Salz-Anzug" an, war ich „Knecht Johann". Ich nahm mir die Sonntagspeitsche, die zusammen mit dem guten Pferdegeschirr am Haken hing, herunter, und ich kutschierte, den in meiner Fantasie vorhandenen Erntewagen sicher in die Scheune. Manchmal zoddelte ich mir auch den Spinnwocken hervor und spielte „Oma", nicht vergessend, mit dem Kopf zu wackeln, wie es die alte Oma Gudjons beim Spinnen tat.

Mein schönster Platz war auf der Lucht
mank Ploszen und Gekraszel,
mank Spinnwocken und altem Schaff
und anderem Gerassel.

In einer Eck' stand eine Truh,
darin war Omchens Hochzeitskleid,
ein Gehrock war gepackt dazu,
nur war er Opa jetzt zu weit.

Und Muttchens alte Sonntagskleider
mit Rüschen und Fladruschen,
dazu ein Muff aus feinem Fell,
den tat ich gerne puschen.

Im Schaff, da lag ein Haufen Briefe
aus Papachens Soldatenzeit,
die las ich heimlich und hab' mich
über seine Liebe so gefreut.

Ganz hinten, unter unsre Okel,
da lag die Flickerzich.
Die Katz' tat hier am liebsten jungen,
hier hatte Mäus' sie gleich für sich.

Die Mäuse schmengerten vom Roggen,
der lag geschüttet auf der anderen Seit',
sie ließen manchen Grumpel fallen —
die hielten nuscht von Sauberkeit.

In der Mitte unsrer Lucht
stand unsre Räucherkammer,
die Wurscht hing viel zu lang im Rauch,
das war ein echter Jammer.

Die Oberstube war der Clou
von unsrer schönen Lucht.
Vom Fenster kickt' man auf den Wald
und auf die Schweinebucht.

Ich träume noch oft von meiner Lucht.
Dort wühl ich alles um und um,
such Dinge, die einst unser war'n,
und alles ist vertraut ringsum.

Nie sehe einen ich von uns,
nur immer fremde Leut',
und kann sie nicht ein Wort verstehn.
Ja — alles ist Vergangenheit.

Wir feierten gern

Oh ja, wir feierten gern, — und wir verstanden zu feiern! Was für ein Aufwand wurde doch zu bevorstehenden Festlichkeiten getrieben, und was konnten unsere Bauern bei diesen Gelegenheiten nur in sich hineinessen und -trinken!

Zu Feierlichkeiten kamen grundsätzlich nur geladene Gäste, sei es zu Geburtstagen, Hochzeiten, Verlobungen oder zu Begräbnissen. Zum Begräbnis erhielten diejenigen Leute, die auch zum Leichenschmaus erwünscht waren, eine Todesanzeige, sie galt auch als Einladung. Diejenigen, die keine Anzeige erhielten, „begleiteten“ nur.

Es war üblich, allen Trauergästen, bevor sie in das Zimmer der aufgebahrten Leiche traten, ein Glas Süßwein und Kekse zu reichen. Die Leiche wurde stets in der „guten Stube“, die ja zumeist auch die größte war, aufgebahrt. Am Kopfende standen zu beiden Seiten zwei Kerzenhalter auf kleinen Tischen, etwaige vorhandene Spiegel wurden mit einem schwarzen Tuch verhängt; die Leiche durfte nicht im Spiegel zu sehen sein. Der Sarg blieb offen, damit sich noch jeder Trauergast von dem Verblichenen verabschieden konnte, was sich mitunter in nicht enden wollenden Tränenströmen zeigte. Der Pfarrer, der immer mit dem Kutschwagen — oder im Winter mit dem Schlitten — abgeholt wurde, hielt am Kopfende des Toten, über dessen fahlem Antlitz der flackernde Kerzenschein geisterte, die Trauerrede.

In den letzten Jahren war man Gott sei Dank dazu übergegangen, den Sarg vor der Leichenrede zu schließen.

Nachdem der Sarg samt Blumen und Kränzen auf dem Kastenwagen, von dem die Seitenwände abgenommen wurden, gehoben war, gab man dem Toten das Geleit zum Friedhof mit Absingen des Liedes „Laß mich gehen “

Wer es sich leisten konnte, hatte gleich nach Eintritt des Todesfalles eine Köchin bestellt, die drei Tage lang Kuchen und Torten backte und das warme Abendessen vorbereitete. Von geladenen Trauergästen wurden Butter, Zucker, Eier und im Krieg auch Mehl gebracht, da der Vorrat ja meistens nur begrenzt vorhanden war. Ein Faß Bier und Schnaps durfte natürlich nicht fehlen, und so wurde eine Beerdigung regelrecht gefeiert.

Hochzeiten waren natürlich viel, viel schöner! Geheiratet wurde meistens im Sommer oder im Herbst, wenn die Ernte eingebracht war, und die Ehen kamen durchaus nicht immer aus gegenseitiger Bekanntschaft zustande. Nicht selten wurde „zugefreit", „tofriee" sagte man im Plattdeutschen. So ein „Zuheirater" trat meist an die Eltern beider Heiratskandidaten heran und erforschte die Bedingungen. Viele Gesichtspunkte mußten bei einer Heirat berücksichtigt werden: Alter, Aussehen, die Mitgift, bei Einheirat in einem Grundstück das Deputat der Schwiegereltern, die auf Altenteil gingen. Stimmte alles, so konnten die Kontakte zwischen den zukünftigen Brautleuten hergestellt werden, und wenn sie dann einander zugeneigt waren, stand einer Hochzeit nichts mehr im Wege. Der „Zufreier" aber erhielt seinen vorher ausgemachten „Kuppelpelz".

Heute ist es üblich, Hochzeiten in Restaurants oder Hotels zu feiern, in unserer Gegend gab es nur Dorfkrüge, die der Ausrichtung einer Hochzeit wohl nicht gewachsen gewesen wären; deshalb fand die Hochzeitsfeier im Elternhaus der Braut statt.

Die Vorbereitungen und Planungen begannen rechtzeitig: Ein Pochelchen wurde geschlachtet, oftmals mußte ein prächtiger Truthahn sein Leben lassen oder ein Kälbchen, mehrere Sorten Wurst wurden gemacht, Sülze, Braten, — und es wurde gebacken und gebacken, tagelang.

Am Vorabend der Hochzeit, dem Polterabend, wurden wie es auch heute üblich ist, die Geschenke gebracht, die Herren probierten schon mal die Getränkevorräte, die holde Weiblichkeit bewunderte Kuchen und Torten, die Geschenke, und manchmal auch den Brautstaat. Und natürlich wurde gepoltert, je mehr, desto mehr Glück für das Brautpaar, und dessen Beliebtheitsgrad wurde daran gemessen.

Ein ziemlich übler Schabernack war es, wenn die Vorbereitungen in der Küche ihren Höhepunkt erreicht hatten, daß junge Burschen auf das Dach kletterten und den Schornstein zustopften. Dann gab es „Qualm in der Küche", aber da diese Streiche bekannt waren, wurde der Schaden schnell behoben.

Am Vormittag des Hochzeitstages fuhr das Brautpaar mit den Trauzeugen zur standesamtlichen Trauung, die kirchliche fand gewöhnlich zwischen 14 und 15 Uhr statt. Angetan mit ihrem besten Feiertagsstaat, der oftmals extra für das Fest angefertigt wurde, fuhren die Gäste in blitzsauber geputzten

Kutschwagen und herausgeputzten Pferden zum Hochzeitshaus. Waren alle Gäste versammelt, verlas eine Brautjungfer die Namen der Paare, die den Hochzeitszug bildeten. Jeder Herr überreichte seiner Dame mit einer korrekten Verbeugung einen Blumenstrauß, und sie stieg zu ihm in den Wagen. Wenn alle Wagen besetzt waren, setzte sich der Zug in Bewegung. Auf dem Hinweg wurde langsam gefahren und das Brautpaar fuhr am Ende des Zuges; den Brautleuten sollte noch Gelegenheit gegeben werden umzukehren, falls sie es sich anders überlegt haben sollten. Auf dem Rückweg aber, nach der Trauung, gab das Brautpaar das Tempo an: In scharfem Galopp ging es zurück zum Hochzeitshaus.

(Denke ich heute an so einen Hochzeitszug zurück und vergleiche ihn mit den heutigen, allenfalls mit etwas Blumenschmuck versehenen Autos, die zur Trauung fahren oder an eine weiße Hochzeitskutsche, die inmitten des Autoverkehrs so verloren wirkt — welch ein Unterschied!)

Nach den obligatorischen Hochzeitsfotos setzte man sich an die festlich geschmückte Tafel, um der reichhaltigen Auswahl an Torten und Kuchen zuzusprechen. Wer erinnert sich nicht gern an unseren Bienenstich, an den Mohnkuchen, an die Spritzkuchen, Pfannkuchen, Raderkuchen, und nicht zu vergessen die Torten mit reichlicher Buttercreme verschiedenster Geschmacksrichtungen.

Wir Ostpreußen wissen es natürlich, daß man bei uns ganz großen Wert auf die „Nötigung", die Nötigung zum Zulangen, legte.

„Nu eßt doch, eßt doch, wenn all nuscht wär — aber is doch alles da!"

Zu Beginn des Essens langte man ungeniert zu, aber beim Nachfassen zierte man sich schon ein wenig und wartete auf das Nötigen der Gastgeberin. Wurde man ein drittes Mal genötigt, etwa mit den Worten „Nu machen Sie sich doch nich niedlich, nehmen Sie man tüchtig", griff man wieder zu.

Es soll vorgekommen sein, daß die Gäste bei der Heimfahrt sagten „Ja, — das Essen war ja sehr gut, aber die Nötigung war man schlecht."

Mit Musik und Tanz, fröhlichem Gesang und Auftritt der „Maschkes", die, bis zur Unkenntlichkeit verkleidet, in Gedichtform dem Brautpaar Vorträge über ihre Vergangenheit hielten und Ratschläge für die Zukunft gaben, stieg die Stimmung nach dem warmen Abendbrot immer mehr, woran auch sicherlich die vielen Schnapschen und Bierchen nicht ganz unschuldig waren.

Bei Einbruch der Dunkelheit fanden sich auch Zaungäste ein, die dem Geschehen draußen an den Fenstern zuschauten. Sie wurden vom Bräutigam mit Kuchen und Getränken versorgt, und die Stimmung war mitunter draußen nicht schlechter als drin.

Kurz vor Mitternacht gab es die „Schweinevesper", die aus kalten Platten bestand: Mehrere Sorten Wurst, geräucherter Schinken, Kalter Braten, Sülze, eben alles vom Schwein. Und wieder wurde kräftig zugelangt, damit man gestärkt bis in den Morgen hinein feiern konnte.

An eine Hochzeitsfeier erinnere ich mich mit besonderem Vergnügen: Ich war gerade zwölf Jahre alt und bekam zum ersten mal auch einen „Kavalier" von der Brautjungfer zugewiesen, den vierzehn Jahre alten Sohn unseres Bürgermeisters. Mein Gott — was war ich stolz! Meine Tante hatte mir ein traumhaft schönes Kleid aus lachsfarbenem Taft geschneidert, und ich gefiel mir ungemein. Und ich tanzte den ersten Walzer meines Lebens! Fleißig hatte ich schon Wochen vorher hinter unserer Scheune geübt, sodaß ich der Aufforderung meines Kavaliers folgen konnte. Auch „er" tanzte schon recht gut, was für die damalige Zeit für einen Vierzehnjährigen eine enorme Leistung war. (Wenn man bedenkt, daß heute 14jährige in Diskotheken keine Seltenheit sind.)

Um Mitternacht hatten sich alle aufgestellt, um den Schleier abzutanzen.

„Bong — bong — bong" hallten die Schläge der großen Standuhr aus dem Nebenzimmer, es schlug zwölf.

Da — ein Aufschrei meiner Mutter!

„Erbarmung — zwölf Uhr! Um zwölf wollte ich doch mein Brot aus dem Ofen nehmen! Aber mittags um zwölf!" Allseits wieherndes Gelächter, mein Vater meinte trocken: „Na, nu brauchst es auch nicht mehr rauszunehmen, morgen früh ist es auch noch Zeit. Und die Pferde freuen sich auch mal über einen guten Happen."

Ja, ja das war'n noch Zeiten

Schmandschinken und Schmandsalat
das war mein Leibgericht,
und was ein echter Ostpreuß' ist,
veracht' das auch heute nicht.
Doch heute man vergeblich sucht
nach Schinken wie bei uns er gab:
So richtig festen, der hing auf der Lucht,
wir fiddelten ein Stück ab.

In Schwarzsauer, dem Götterfraß,
da hauten wir 'rein vielleicht —!
Der Papa meist drei Teller aß,
für uns hat kaum gereicht.
Doch wo bekommen Blut wir heute,
Vom Ganter, von der Gans oder von 'ner Ent'?
Das schütten fort vielleicht die Leute,
weil Schwarzsauer hier keiner kennt.

In „Grue Arfte", „Schedderstroh",
in „Klops" und sauere „Fleck",
da hauten 'rein wir man nur so
bis und die Pust' blieb weg.
Der „Beetenbartsch", die „Schmunzelsoß",
die Leberwurscht mit Majoran,
ein schöner Spirkel, braun und kroß,
die hatten's uns angetan.

„Meschkinnes" und den „Pillkaller"
den tranken Mann und Frau.
Den Pillkaller den trank der Mann,
Meschkinnes trank die Frau.
Aus Malzkaffee wurd' Bier gebraut,
der Wein aus Johannisbeern,
der hat dir eins vor'n Kopf gehaut —
da konnts die Engel singen hörn!

Ja, ja, das war'n noch Zeiten,
wir denken oft daran!
So viele unsrer Köstlichkeiten
man heut' nicht kriegen kann.

Verkehrsmittel auf dem Lande

Heute denkt man bei „Verkehrsmittel“ in erster Linie an das, für die meisten Menschen unentbehrlich gewordene Auto. In unserer Umgegend gab es 1938 zwei Autos: Eins hatte der Lehrer Wolf aus Tuppen, das andere unser Amtsvorsteher Slemties. Verirrte sich mal ein fremdes Auto auf den ausgefahrenen Dorfstraßen, so war dieses nahezu eine Sensation für uns Kinder. Ich erinnere mich noch gut daran wie stolz ich war, als 1933 Mutters Cousin Albert, der aus Amerika nach Tilsit zurückgekommen war, uns in seinem großen achtsitzigen Auto besuchte und unsere ganze Familie nach Tuppen fuhr, wo gerade das Erntedankfest gefeiert wurde. Gebührend wurde das Auto von vielen Anwesenden ehrfürchtig bestaunt, und ich, die ich 7 Jahre alt war, hatte damit die erste Autofahrt meines Lebens gemacht!

Das Hauptverkehrsmittel auf dem Lande war natürlich der Pferdewagen. Für Besuchsfahrten, oder um Gäste aus der Stadt von der 15 km entfernt liegenden Bahnstation Naujeningken abzuholen, wurde der Kutschwagen aus dem Schauer gezogen, von Hühnerdreck und Staub blank geputzt, und den Pferden wurde das gute Geschirr angelegt. Der Kutschwagen war gut abgefedert, und man wurde auf den oftmals holprigen Wegen nicht so durchgeschüttelt wie im Kastenwagen. Außerdem saß man hierin bequemer, und die Pferde legten, da der Wagen leichter war, bereitwilliger einen flotten Trab ein. Zum Schutz gegen den Wind, oder etwaigen Dreckspritzern konnte man sich die Lederdecke, die an der Vorderwand des Wagens festgenietet war, über die Knie ziehen und an der Seite des Sitzes anknöpfen.

Zu sonstigen Fahrten — Mühle, Markt oder zu den Feldern — wurde das Alltagsgefährt und Transportmittel, der Kastenwagen mit seinen geschlossenen Bretterwänden benutzt. Von Seitenwand zu Seitenwand diente ein eingelegtes Brett zum Sitzen.

Schier unentbehrlich aber war das Fahrrad geworden, das Anfang der dreißiger Jahre begann, das Bild unserer Dorfstraßen und Feldwege zu beleben. Und was taten wir uns doch schwer damit, das Radfahren zu erlernen! Wie oft sind wir mit dem Rad umgekippt, haben uns die Knie und Arme zerschrammt und waren schon stolz, wenn wir es schafften, ein paar Meter zu fahren, ohne daß jemand mitlief und das Rad am Sattel festhielt. Ich erlernte das Radfahren mit sieben Jahren auf dem Rad meiner Tante, die sich als erste unserer Familie eins gekauft hatte: Marke „Dunlop“, mit schönen, dicken Vollballonreifen. Der Sattel war, auch wenn er am niedrigsten gestellt war, noch zu hoch für mich, und so trat ich feste in die Pedalen im Stehen. Bald bekamen auch meine Brüder ein Rad — natürlich ein Herrenrad — und wenn meine Brüder mir huldvoll gestatteten auch damit zu fahren, steckte ich das rechte Bein unter die Querstange durch, und in ziemlicher Schräghaltung zirkelte ich auf dem schmalen Fuß- und Radfahrweg lang, der sich neben den tiefen Wagenfurchen entlangschlängelte, bis ich einmal im Stacheldrahtzaun des Roßgartens landete und mir dabei Beine und Arme blutig riß, auch der Rock hatte einen akkurat gerissenen Dreiangel aufzuweisen.

Später dann, als ich vom Sattel aus die Pedalen erreichte, bekam ich zum Geburtstag ein eigenes Rad geschenkt, nun brauchte ich im Sommer den weiten Schulweg nicht mehr zu Fuß zu gehen. Ich fuhr nach Tuppen, Lasdehnen oder Wedereitischken zum Einkaufen, brachte Tantes fertig genähte Kleider zu den Kunden oder holte am Sonntag die Post von der Ußballer Post ab. Die Post wurde am Sonntag bald ein beliebter Treffpunkt der Jugendlichen aus den umliegenden Dörfern, denn das Fahrrad war auf seinem Siegeszug nicht aufzuhalten. Und hatte man mit jemand einen gemeinsamen Weg der kein Rad hatte, so fuhr der Erste ein Stück mit dem Fahrrad vor, stellte es an einen Baum und ging weiter. Der Weggefährte nahm das Rad, überholte den Fußgänger, stellte das Rad wieder ab und so fort. Somit hatte jeder nur die Hälfte des Weges zu Fuß zu gehen.

Natürlich trafen wir Radfahrer auch Verabredungen, um sonntags zum Rummel nach Lasdehnen, Eggleningken oder Tilsit zu fahren, und wir machten Schulausflüge per Fahrrad. Ein beliebtes Ziel war Obereißeln (mit dem Bismarckturm), das oberhalb des Steilufers an der Memel lag. Zur Memel gelangte man über eine breite Steintreppe mit 156 Stufen. Hier, in Obereißeln, aß ich bei so einem Schulausflug den ersten Aal meines Lebens. Er war nur fingerdick, aber sündhaft teuer: Fünf Dittchen! Jedoch neugierig, und ein Leckermaul, das ich schon damals war, mußte ich ihn probieren. Ich kann nicht behaupten, daß mir der Aal geschmeckt hat, was wohl an der harten Pelle lag, denn woher sollte ich auch wissen, daß man sie abziehen muß!

Die entgleiste Kleinbahn

Frau Mikotat aus Hermoneiten
nach Pillkallen verreist,
als kurz, gleich hinter Grumbkowkeiten,
die Kleinbahn ist entgleist.
Erst hat es doll gestuckert,
denn gab's mit eins ein' Rucks,
und alle werden angebuggert,
vor Schreck sagt keiner nicht ein Mucks.
Am Boden liegen Körb' und Taschen,
mittenmank ein Spirkel fetter Speck,
und zwischen vollen Braunbierflaschen
paar Stullen, die sind voller Dreck.
Frau Pucknat, sie weimert jämmerlich:
„Mir is wo einjeklemmt mein Zopp!"
Dem Buttjereit wird schwummerig,
ihm kleckern Eier übern Kopp.
Verschichert läuft da rum ein Hahn,
der schnell aus seinem Käfig flutscht,
ein Ferkel quietscht gleich nebenan,
das auf dem Schmand ist ausgerutscht.
Klein-Karlchen, des Herrn Lehrers Sohn,
der quarrt nach seinem Nuckel,
der Pascherat, schon in Pension,
schubbert sich voll Schmerz den Puckel.
Auch Pfarrer Krepsch ist ganz verstört,
und ranzt den Kairies an empört:
„Sie Damlack Sie, mit Ihrem Sauerkumst,
Se hab'n den Anzug mir verhundst!"
Das Rumkalbeeken hat kein Zweck,
man kraasselt erst mal alles auf
und einigt sich: Auf diesen Schreck
gehört ein Schnapschen drauf.
Als alle haben sich erkubert,
bekalbert man, was ist zu tun.

Auf eins, da sagt der alte Schubert:
„Wir jeben dem Lokfiehrer Kattun!"
Nun werden sie aber kiewig all
und pirren aus der Tür,
sie schlagen beim Lokführer Krawall
um die Entgleisung hier.
Doch der verschafft sich schnell Respekt —
er spuckt erst aus ein' losen Zahn —:
„Ich sag euch, es is nuscht defekt —
wir kriejen se wieder flott, de Bahn.
Zuerst mal missen wir versuchen,
de Lok zu wuchten aufs Gleis."
Die Männer wurrachen und fluchen
und wischen sich bald ab den Schweiß.
Dann auf Kommando mit „Hau ruck",
hebt sich die Zugmaschine,
im nächsten Augenblick — ruck-zuck —
steht sie schon auf der Schiene.
Nun kriegt die Lok gleich neuen Dampf,
der Heizer schippt wie damlich Kohlen,
um mit Geächz und mit Gestampf,
den Fahrplan wieder aufzuholen.
Als alle hucken in der Bahn,
Frau Mikotat zum Nachbarn sagt:
„Ich dank Se herzlich, guter Mann,
das haben Se fein jemacht!
Se trampelten mir Gottseidank
noch mittem Stiefel in's Jesicht,
ich hädd bestimmt nuscht ohne Zank
von de Versicherung gekricht."

Die Überraschung

„Ich bringe Dir auch etwas Schönes mit, liebes Hildchen, worüber Du Dich sehr freuen wirst“, schrieb meine Tante, die seit vierzehn Tagen in Königsberg war und nun ihre Rückkehr ankündigte.

Meine Tante, die, wie ich anfangs schon erwähnte, bei uns wohnte, war einfach die Tante, und ich kann mich nicht erinnern, auch nur einmal „Tante Gustel“ oder „Tante Aua“ wie meine Cousinen sie nannten, zu ihr gesagt zu haben. Tante war noch unverheiratet und sie erfüllte meinen Brüdern und mir so manchen Wunsch. Womit sie mich diesmal wohl überraschte, ich konnte mich nicht erinnern, einen Wunsch geäußert zu haben.

Endlich am Abend war es so weit: Papa spannte die Pferde an, um Tante vom Bus abzuholen, dessen Haltestelle drei Kilometer von uns entfernt lag. Der Bus fuhr morgens nach Tilsit hin und kam abends zurück. Im Krieg wurde der Busverkehr eingestellt, und wir hatten 15 Kilometer bis zur nächsten Bahnstation in Naujeningken. So war mein Vater auch nicht gerade erfreut, wenn sich mal Besuch aus der Stadt anmeldete, der von der Bahn abgeholt werden mußte. Die Pferde, die tagsüber im Geschirr standen, sollten abends ihre Ruhe haben.

Voller Ungeduld wartete ich inzwischen, daß der Wagen mit den beiden auftauchen würde und ich mein geheimnisvolles Geschenk in Empfang nehmen konnte. Tante stieg dann vom Wagen, mein Vater reichte das Gepäck herunter, — ach es dauerte ja alles so lange! Dann kam ein kleiner, eigenartig geformter Koffer zum Vorschein, — hatte Tante sich eine Schreibmaschine mitgebracht, — wozu?

„So, Hildchen, das ist für dich. — Da staunst du, was?“ „Ja, — aber was soll ich denn mit einer Schreibmaschine?“ stammelte ich verstört.

„Na, nun mach‘ doch mal erst auf und sieh, ob sie dir nicht doch gefällt“, sagte meine Tante lächelnd. Ziemlich lustlos fummelte ich am Schloß herum, es sprang auf, — und ein funkelnagelneues Akkordeon lag in dem geheimnisvollen Koffer! Ich war sprachlos. — So ein Akkordeon zu besitzen, davon wagte ich nicht einmal zu träumen! Nun besaß ich eins, — es war unfaßbar! Musik war für mich das Schönste was es gab, und ich war wild auf jedes Instrument, dem ich Töne entlocken konnte.

„Auf de Lüneburge Heide", „Es klappet die Mühle am rauschenden Bach" und „Tink, tink, Büdelein tink", krähte ich schon, bevor ich das „R" sprechen konnte. (Heute heiße ich Rauschenbach, unser Sohn wohnt in der Lüneburger Heide, — nur das dritte Lied hat bei mir keine Bedeutung gehabt, jedenfalls bis jetzt nicht!)

Wie man weiß, wurde in Ostpreußen das „R" nicht im Hals gegurgelt, sondern das Zungen-R gesprochen. Und das war gar nicht so einfach, es zu erlernen. Mancher hat es auch nie geschafft.

Ich muß etwa vier Jahre alt gewesen sein, als mich eines Tages der Ehrgeiz packte: Ich fing an zu üben, suchte krampfhaft nach Wörtern die mit „R" anfingen, ich fiel meiner Mutter schon auf die Nerven — es wollte und wollte nicht klappen. Und dann mit einem Mal hatte ich den Bogen raus bei „Rumpelstilzchen"! „Rrrrumpelstilzchen — Rrrrrumpelstilzchen" rollte ich. Dann „Rrrrreinhold", so hieß der Sohn unseres Nachbarn, und „Arrrno, Brrruno, Herrrbert, Manfrrred" — alle Jungsnamen der Nachbarschaft hechelte ich durch.

„Na, da wird Tante aber staunen wenn sie nach Hause kommt", freute ich mich. Tante war außer Haus nähen, sollte abends nach Hause kommen, und ich überlegte, was ich ihr gleich zur Begrüßung mit einem rollenden „R" sagen könnte. Es wollte und wollte mir nichts Gescheites einfallen.

Dann, als sie abends kam und mir die Hand zur Begrüßung gab, besah ich mir ihre Hand gründlich und sagte: „Aberrr Tante, hast du lange Krrrallen!"

Mancher lernt es nie

Wer kennt nicht unsre Sprache
aus unserem Heimatland;
doch ist das so 'ne Sache:
Das „R" leistet manchmal Widerstand.
Hast du es nicht gelernt als Kind
das „R-chen" mit der Zung' zu rollen —
dann schmeiß man gleich in's Korn die Flint,
wenn groß bist ist nuscht mehr zu wollen!

Weet ju noch?

Weet ju noch,
wenn wi am scheene Sommeroawend
doa huckde opp de Bank vorm Hus?
Vär ons doa huckd de Katz, sich loawend
an äre anjeschleppte Mus.
Vom Stall doa weere leis de Kedde to heere,
wenn de Keej sich läjde önnet frösche Stroh,
de Peerd se schnoowe,
wenn möt de Köpp öm Futter se reerde,
un e Hund dä belld utem Därp örjendwo.
Weet ju dat noch?

Weet ju noch,
wenn de Schwoalkes äwer onsere Köpp floage,
se deede dat Futter öm Schnoawel droage
önnet Nest underm Dach to äre Junge,
un de Starmatz oppe Schien sin Leed hät jesunge.
De Pogge, se quarrde utem Diek hinderm Stall,
öm Wiedebusch schloog manchmoal de Nachtigall.
Laut weer de Wachtel to heere: Tschäärp — tschäääärp, —
un sonst leej Ruh' äwerm ganze Därp.
Weet ju dat noch?

Weet ju noch,
wenn de Voader sich hät de Pip angesteckt
un stolz von de Bank äwerm Hoff hät jebleckt.
De Noaber keem her un huckd sich to öm,
he utem Tobaksbiedel vom Voader sich nehm
e Pip voll vom selvst anjebute Tobak,
un beide, se proahlde dem goode Jeschmack.
Weer et denn duster, denn wurd' allet stöll
un wi verschwunde önne Hotze ganz schnell.
Schon freeh, wenn dat leewe Sonnke oppjing,
fär ons all meist de Oarbeit anfing.
De Mutter se reep: „Stoah opp, min Marjellke,
du mottst önnem Stall un de Grete nu melke.“
Weet ju dat noch?

Und das wollen wir nicht vergessen so lang wie wir leben!
Wir wollen das unseren Kindern und Enkeln weitergeben.

Erntedank

Eingeläutet mit Glockenklang
wurde zu Hause der Erntedank.
Von weither Bauer und Bäuerin kamen
zu lobpreisen Gottes Namen,
zu danken für seine Güte groß,
daß seiner Erde reicher Schoß
uns wachsen ließ das täglich Brot
und uns so reiche Ernte bot.

Wagen um Wagen schwankte vollbeladen heim
und füllte bis oben uns Keller und Scheun.
Mein Gott — wie könnten je wir vergessen
was wir doch einst an Reichtum besessen!
Daß wir heute nicht selbst mehr ernten können das Korn
ist nicht Gottes, nein, Menschen Zorn.
Gott hat dieses bestimmt nicht gewollt,
daß über unsere Äcker fremder Wagen nun rollt.

Und trotzdem wollen wir Dank heute sagen,
nicht mehr über Verlorenes klagen;
auch heut' gibt uns Gott das tägliche Brot,
und seid doch mal ehrlich — leiden wir Not?

Nein, ich glaube, Not muß von uns heute niemand mehr leiden, aber wir sollten nie vergessen, wie wichtig uns in den ersten Jahren des Neubeginns ein Stück Brot war! Alle von uns haben es schätzen gelernt! Und wenn man einst selbst das Korn gesät, geerntet, gedroschen, zur Mühle gebracht und schließlich das Brot selbst gebacken hat, dann weiß man es noch viel mehr zu schätzen.

Der Roggen war ein Wintergetreide und wurde bereits im Herbst, auf gut vorbereitetem Acker ausgesät.

Ich glaube, daß das Roggensäen genauso zu den heiligen Handlungen zählte wie das Ernten und das Brotbacken. Jedenfalls hatte ich diesen Eindruck, wenn ich meinem Vater zuschaute, wie er zu Beginn des Säens bedächtig eine Handvoll Körner kreuzförmig auf das Feld streute. Danach ging er mit seinem umgehängten „Krepsch", in dem das Getreide war, mit langsamen Schritten über das Feld, griff eine Handvoll Körner und warf sie einmal links, einmal rechts im Bogen auf den Acker. War das Getreide gesät, mußte es noch eingeeggt werden.

1937 kaufte Vater eine Drillmaschine, mit der natürlich alles schneller und exakter ging. Allerdings war ich nun auch beim Säen mit einbezogen: Ich mußte stundenlang hinter der Drillmaschine herlaufen und aufpassen, daß kein Erdklumpen die Sätülle verstopfte. War dies der Fall, mußte ich mit einer langen Pike den Erdklumpen auseinanderstochern; und dieses empfand ich nun gar nicht als „heilige Handlung".

Drillmaschine

Goldgelb wogende Getreidefelder kündigten Ende Juli die Ernte an. Zuerst wurde die Gerste und der Hafer geerntet, danach der Roggen, zum Schluß der Weizen.

Erinnern wir uns ein wenig an die „Roggenaust" — wie wir sagten. Am Abend, bevor am anderen Tag die Ernteschlacht begann, wurden wir schon akustisch auf das große Ereignis eingestimmt, die Sensen wurden gedengelt. Weithin konnte man in der beginnenden Abenddämmerung den hellen Klang vernehmen. Die meisten Kleinbauern haben ja bis zuletzt noch das Getreide mit Sensen gemäht, nur auf den Gütern oder den großen Bauernhöfen wurden Selbstbinder eingesetzt.

Mähdrescher gab es damals meines Wissens nach noch nicht.

Schon früh am Morgen, ehe das Sonnchen so richtig auf den „Deez“ knallte, rüstete man zum Aufbruch: Die Männer banden sich ihren Dirschus — den Riemen — um, streiften das Schluckerfaß, in dem der Wetzstein steckte, drauf und schulterten die Sensen; die Frauen banden sich ihr Kopftuch um, rutschten in die Schlorren und zogen sich das Ende eines alten Damenstrumpfes über die Unterarme. Im Schabbern und Lachen zog so die bunte Schar zum Erntefeld.

Bald hörte man das Ratschen der Sensen, Schwade um Schwade neigte sich zur Erde, wurde von den Frauen gegriffen und zur Garbe gebunden.

Das sah einfacher aus als es war.

Ich war noch keine vierzehn Jahre alt, als mein Vater am Vorabend der Ernte zu mir sagte: „Tochterchen, du bist nun alt genug, morgen wirst auf's Feld mitkommen und Roggenbinden. Die Frau Kliemant hat abgesagt, uns fehlt einer.“

Erbarmung — dachte ich, das kann ja heiter werden! Und das wurde es dann auch, — das heißt, es wurde gar nicht heiter. Nachdem mir meine Mutter gezeigt hatte wie die Sache vor sich geht, raffte ich einen Arm voll Halme zusammen, griff mir eine Handvoll Halme und schlang sie um das Bündel. Ich kniete mich auf die Garbe und versuchte, das Band aus Halmen zu verknoten. Zweimal ging der Knoten wieder auf, als ich die Garbe beiseite legen wollte, beim dritten Mal standen die Halme unten stufig auseinander, nochmals aufmachen, endlich beim vierten mal klappte es. Mein Sensenmann war schon mindestens dreißig Meter vor mir, als ich die erste Garbe fertig hatte.

Bald lief mir der Schweiß, überall spickten die Hacheln, der Rücken schmerzte, und abends waren meine Knie und Unterarme so zerschrammt, als hätte ich den ganzen Tag die Katz‘ gezergt.

Und dennoch — wer könnte je das Bild der in Reih und Glied aufgestellten Roggenhocken vergessen! So manches mal boten sie uns Schutz vor einem plötzlichen Regenguß, wenn wir unterwegs waren. Und wer könnte je das Bild der hochbeladenen Erntefuder vergessen, die mitunter in den ausgefahrenen Feldwegen bedrohlich hin und herschwankten. War das Fuder nicht ordentlich gefliehen, schorrte die ganze Herrlichkeit in den Graben und mußte noch einmal aufgepackt werden.

Im Spätherbst, nach der Rübenernte, wurde das Getreide gedroschen. Ende der dreißiger Jahre geschah dieses bereits mit Motorkraft oder Elektro-Antrieb. Aber wie war es in den Jahren zuvor? Da gab das klappernde Roßwerk die Kraft, die Dreschmaschine anzutreiben. Meist war es die Aufgabe der älteren Kinder oder des Opas, die Pferde, die vor den vier kreuzförmigen Deichseln des Roßwerkes gespannt waren, zu jagen. War das Getriebe oben mit einer Holzplatte abgedeckt, war es relativ einfach: Man stand oben drauf und gab mal dem einem, mal dem andern Pferd die Peitsche zu spüren, rief „hüh — hüh“, und aus der Scheune hörte man das Ratschen, wenn die geöffneten Garben durch die Dreschmaschine flutschten. Aber langweilig war es und man fror oftmals jämmerlich, denn manchmal wurde gedroschen wenn schon leichter Frost war. Anders war es beim Häckselschneiden, was in Abständen von vierzehn Tagen gemacht wurde. Ich kann nicht sagen, daß ich erfreut war wenn Papa rief: „Hildchen komm, du mußt Pferde jagen.“ Ungefähr eine Stunde lang trottete ich dann einem Pferdepaar hinterher, Runde um Runde, sang mal ein Liedchen vor mich hin oder pfiff eine Marschmelodie, zu der ich versuchte, meine Schritte dem Takt anzugleichen. Wurden die Pferde langsamer, machte sich dieses natürlich an den sich auch langsamer drehenden Schneidmessern der Häckselmaschine bemerkbar und mein Vater, der das Stroh in die Maschine schob, rief: „Hildke pass opp!“ Schnell kitzelte ich dann meine Pferdchen leicht mit der Peitsche und willig gingen sie schneller.

Nach dem Dreschen mußte das Getreide geputzt werden. Wer erinnert sich noch an die dicke, behäbige Putzmühle? Wie sie so auf ihren kurzen dicken Holzbeinchen dastand, erinnerte sie mich immer an die umfangreiche alte Tante Schalnuß, wenn sie, in ihrem dunkelbraunen Umschlagtuch gewickelt, zu uns nach Sauerkumst kam. Die Putzmühle war ganz aus Holz, oben saß ein breiter Trichter, in den das gedroschene Getreide geschüttet wurde. An der Seite steckte eine große Kurbel, die, wenn man sie mit der Hand drehte, im Innenraum die großen Holzflügel in Bewegung setzte. In gleichem Rhythmus ertönte ihr dumpfes klapp-klapp-klapp, und der Wind der sich drehenden Flügel trennte fächelnd die Spreu vom Getreide. Die Spreu wurde nach hinten geblasen, das Getreide rieselte vorn aus einer Lade, wurde in Scheffel gemessen, in Säcke geschüttet und zur „Lucht“ gebracht, wo es auf dem sauber gefegten Holzboden hingeschüttet wurde.

Das Korn wurde dann, je nach Bedarf, zur Mühle gebracht. Zu gern bin ich als Kind zur Windmühle mitgefahren, und saß ganz glückselig auf den prall mit Korn gefüllten Säcken.

Die Windmühle gehörte dem alten, dicken Bugenings. Seine Hose, Jacke und Schlorren waren vom Mehl weiß gepudert, er sah immer ein wenig mürrisch aus, was sein nach unten hängender großer Schnurrbart noch unterstrich. Ich weiß nicht ob er mich — oder vielleicht überhaupt Kinder — gern gehabt hat, aber wenn er mich an die Hand nahm und brummig sagte: „Na, denn komm man mit“, war ich glückselig. Er führte mich die kleine Holztreppe hinauf in das Allerheiligste, dort wo das Mehl aus einem riesengroßen Trichter in die Säcke rieselte. Und einmal durfte ich sogar noch höher die nächste Treppe steigen! Hier nahm er die mit einer Winde hochgezogenen Getreidesäcke durch eine Luke ab, stellte sie zunächst alle ab und schüttete den Inhalt eines Sackes in den großen Holztrichter, der über dem gewaltigen Mühlstein hing. Gebannt starrte ich auf den dicken Mühlstein, der sich leise ächzend langsam drehte.

Mein Gott — war das alles aufregend! Und aus dem kleinen Fenster konnte ich sehen, wie die, mit Segeltuch bespannten, Mühlenflügel vorbeirauschten.

Jedesmal ganz beglückt von all dem Erlebten fuhr ich dann mit meinem Vater nach Hause, nun aber vorne bei ihm sitzend.

Leider gab Bugenings die Mühle 1938 aus Altersgründen auf, es fand sich kein neuer Müller, und bald stand die Mühle traurig da: Die Segel in den Flochten zerrissen, diese brachen nach und nach ab, keine Flügel drehten sich mehr munter im Wind, die Mühle verfiel langsam.

So mußte das Getreide zu der ganz unromantischen Mühle mit Windturbinen nach Eggleningken, oder nach Lasdehnen zur Wassermühle gebracht werden.

Ja, ein weiter Weg war vom Roggensäen bis zum Brotbacken. Mutter backte etwa alle zehn Tage fünf große Laibe Brot, und das Brotkneten war auch kein Zuckerlecken. Aber welch ein Duft, wenn das Brot aus dem Ofen genommen wurde und zum Auskühlen auf der Bank vorm Haus stand!

Das täglich Brot

In unserer heutigen schnellen Zeit
wird viel was früher galt — vergessen,
wird allzu leicht, mit Eitelkeit,
der eigene Wohlstand nur gemessen.

Das Brot, wem ist es heilig noch?
Wer schätzt die Gottesgabe?
Wie oft sieht man als Abfall doch,
was Hungernden die Labe.

Der Bauer, der mit starker Hand
der Erde gibt die gute Saat,
braucht Gottes Segen für sein Land,
den Segen und die Gnad.

Und wir, die wir gedankenlos
der Felder Früchte essen,
die wachsen aus der Erde Schoß,
wir wollen eines nicht vergessen:

Wir wollen still die Hände falten
und Dank dem Schöpfer sagen.
Das täglich Brot bleib' uns erhalten
in guten und in schlechten Tagen.

De Mutter backt Brot

„Morje mott öck Brotke backe,
dat oole geiht all to de Neej,
Voader, hoal mi renn dem Droog
un öck kick noah dem Suuerdeeg.

So säd de Mudder to dem Voader
noa'm Oawenbrot, als wi gejäte,
denn ging se gliek noch opp de Lucht
un hätt dat Mähl sich avgemäte.

Dem Droog, däm stellt se oppe Bank,
schött renn dat Mähl, man good halv voll,
vermengt met Kömmel un met Solt,
keppt heetet Woater önne Moll.

Önne Medd moakt se e Kuulke,
doa schödd dem Suuerdeeg se renn,
dat wart nu beske omjereehrt,
un boawe kömmt noch Mähl denn henn.

E grootet Dooch deckt allet av
nu mott de Deeg goot goahne,
de ganze Nach hätt he joa Tid
bes Muder deiht all freh oppstoahne.

Se krempelt sich de Ärmels hoch
un stacks — un stacks — dem Deeg se knät,
bis he nich anne Händ mehr kläwt
un denn mett Woater se öm glätt.

Un boawe önnem Deeg se noch
e Kriez mett ähre Finger rötzt,
doamett dat Brotke sull geroade —
et hätt ück ömmer wat genötzt.

De Deeg dä mußd nmoch eenmoal goahne,
de Mudder heezt good an dem Oawe,
moakt Kuckels dat dat Herz di lacht,
mett Schiever ware se önnjeschoawe.

Un boold stecht nu e Duftke opp,
hm, wart dat Brotke scmecke,
mett fresche Botter oder Schmolt —
kannst di de Fingersch lecke!

Wie nu de Brotkes fertig sönn
nömmt Mudder rut se utem Oawe,
stellt se tom Utkeele opp de Bank,
un denn könn wi ons loawe.

Dat Brot wurd freher noch jeacht,
kein Stöck wurd wechjeschmäte,
un wurd moal doch wat beske dreej,
häbb Brotsopp wi jejäte.

De Buuer hätt wäl Meej un Ploag,
he bruckt de Sonnke un dem Räjen,
doamet wi ömmer häbbe Brot,
un allet bruckt uck Gottes Säjen.

Kartoffelernte

Die Kartoffelernte war bei uns immer ein kleines Volksfest. Vier bis fünf Bauern halfen sich gegenseitig, die Ernte einzubringen. Sorgfältig wurde das abzuerntende Feld der Länge nach abgeschritten und für je zwei Leute ein gleichgroßes Feld abgesteckt, in dem sie die Kartoffeln aufzulesen hatten.

In geflochtenen Weidenkörben, die im Winter sich die Bauern oder die Knechte flochten, wurden die Kartoffeln zu den bereitgestellten Wagen getragen und bis obenhin vollgeschüttet. Die Pferde hatten immer ordentlich zu ziehen, um die schweren Wagen vom weichen Ackerboden herunter zu bekommen.

Nun war es bei uns so Brauch, daß jede Hausfrau ihren Stolz darin sah, bei der Kartoffelernte ihre Koch- und Backkünste unter Beweis zu stellen, was dazu führte, daß Unmengen des Aufgetischten von den Helfenden verputzt wurden. Den Auftakt bildete das „Klein-Mittag". Da kam dann die Bäuerin mit einem zurückkehrenden leeren Kartoffelwagen mitgefahren und lud große, mit einem weißen Tuch abgedeckte Eßkörbe und Kaffeekannen ab. Meistens war noch ein Steintopf mit eingelegten sauren Gurken dabei, die mit viel Dill und Kirschblätter eingelegt waren.

Ungeachtet der verschmutzten Hände wurde wacker nach den Stullen gegriffen: Kerniges, selbstgebackenes Brot mit geräuchertem Schinken und Rauchwurst vom vorigen Winter, Blut- und Leberwurst aus dem Weckglas, Eier und Käse. All das hatte man ja zu Hause auch, aber bei jedem Bauern schmeckte es anders. Da saßen wir dann auf umgestülpten Kartoffelkörben, auf Krauthaufen oder der Wagendeichsel, und es wurde viel herumgealbert und gelacht.

Das Kartoffelfest

Wie war's zu Hause doch so schön
wenn die Kartoffeln wurden ausgenommen!
Man konnte helfen zu den Nachbarn gehn,
sogar die Kinder war'n willkommen.
Die Maschine warf die Kartoffeln aus,
dann lagen blank sie in der Reih',
wir lasen in die Körbe sie
bis uns der Puckel tat weh dabei.
Mit einem Auge schon schielten wir
ob nicht schon bald Klein-Mittag gibt;
da gab's dann selbstgebrautes Bier,
und heißer Kaffee war beliebt,
denn oft war'n wir ganz schön verhubbert.
Da half kein Rennen und kein Bücken,
wir haben uns die Hände geschubbert
und schlürften Kaffee mit Entzücken.
Dazu gab's Stullen wie Schlorren groß,
vom selbst gebacknen, schwarzen Brot,
wir hauten rein erbarmungslos
und hatten nachher Atemnot.
Doch schon nach einer Stunde — zwei,
da sehnten Mittag wir herbei,
und es gab großes Rätselraten:
Gab Kumstsupp' es, gab's Schweinebraten?
Vielleicht mit saueren Gurken, Schmorkohl fein?
Wird vielleicht der Nachtisch Pudding sein?

Dann konnte man beim Essen sehn
was in einem Bauch hinein tat gehn:
Man nahm sich ein Stück Fleisch, nahm zwei,
und Männer nahmen sich auch drei!

Zum Kaffee war das Feld meist' leer,
und wir fielen über'n Kuchen her,
als hätten wir drei Tage nuscht gegessen,
das Mittag, das war längst vergessen;
denn manchmal gab es sogar Torten
und Kuchen auch noch mehrere Sorten.
— Aber was soll ich da viel schabbern noch,
ihr seid dabei gewesen doch!
Wenn es auch schon so lang ist her,
doch manchmal noch ist's Herzchen schwer!

Marjellchens erster Kuß

Ich war 15½ Jahre alt, als ich beim Nachhauseweg von so einem Kartoffelfest meinen ersten Kuß bekam.

„Er" war mein Partner beim Kartoffellesen gewesen, war neunzehn Jahre alt, groß, hatte blauschwarzes Haar und braune Augen mit, wie ich bemerkt hatte, kleinen bernsteinfarbenen Pünktchen darin. Dazu war er der Sohn eines Großbauern, und mir schmeichelte es ungemein, daß er mich nach Hause brachte. Es war ein windstiller Abend, mondhell, „er" führte sein Fahrrad, ich ging neben ihm und wir erzählten uns so dies und das. An einem kleinen Waldflecken — „Puschines" sagten wir immer dazu — blieb er stehen und steckte sich eine Zigarette an, hielt mir das Streichholz vor den Mund. Nichts Schlimmes ahnend pustete ich es natürlich aus. Ehe ich mich versah, hatte ich schon einen Kuß aufgedrückt bekommen — und was für einen!

Hatte ich immer gemeint, ein Kuß wäre so etwas wie man von der Mutter oder allen übrigen Verwandten auf die Wange oder den Mund — igittigitt — bekam, so wußte ich es jetzt besser!

Ich ging, nachdem ich vier nach Zigarettenrauch schmeckende Küsse erhalten — oh nein, empfangen — hatte, in einem Hochgefühl ohnegleichen nach Hause. Am liebsten wäre ich noch zu meiner Freundin Irma vorbeigegangen, um ihr alles brühwarm zu erzählen. Voller Ungeduld und einer fast schlaflosen Nacht wartete ich am nächsten Tag, bis Irma aus der Schule kam. Sie war drei Jahre jünger als ich und ging noch zur Schule, sie war die Tochter unserer nächsten Nachbarn. Unsere Höfe waren nur durch zwei Roßgärten getrennt, und ich lief, als ich sie kommen sah, schnell zu ihr hin und sprudelte gleich mit der Neuigkeit heraus, was mir am vorigen Abend widerfahren war.

„Das mußt du mir genauer erzählen", sagte sie, „ich komm', wenn ich mit den Schularbeiten fertig bin, zu dir."

Als sie dann zu mir kam, setzten wir uns hinter die Scheune an den Strohhaufen.

„So, nun bin ich aber gespannt, erzähl mal, beschreib' mir das ganz genau", wisperte sie aufgeregt.

Ich lachte: „Ja, also wie soll ich dir das beschreiben, da mußt du schon warten, bis dich mal einer küßt."

„Na Hilde, versuch doch mal, ob du mir das nicht zeigen kannst, küß mich doch auch mal so", drängte sie.

„Aber Irma, da komm ich mir doch bischen blöd vor", wehrte ich ab, und es war mir auch etwas peinlich.

Irma aber ließ und ließ nicht locker, und sie schaffte es schließlich, mich zu überreden.

„Du mußt die Lippen etwas öffnen", sagte ich. Sie sperrte den Mund groß auf.

„Nein, nicht so groß den Mund aufreißen, nur ein ganz bischen" lachte ich.

Jetzt machte sie es richtig. Ich näherte mich ihrem Gesicht, sah ihren erwartungsvollen Blick — und ich prustete los vor Lachen. Irma schaute erst etwas verdutzt, dann stimmte sie in mein Lachen ein, und wir ließen den „Kußunterricht".

Kurt — so hieß „er" — kam dann nach ein paar Tagen kurz zu uns, um mir mitzuteilen, daß er zum Militär eingezogen wird. Er hatte schon den Gestellungsbefehl erhalten und sollte sich in der kommenden Woche bei seinem zugewiesenen Regiment melden. Gern hätte ich von ihm Post erhalten, aber wie sollte ich das meiner Mutter klarmachen, daß ich, noch nicht sechzehnjährig, einen Freund hatte.

„Ich werde schon einen Weg finden, wie ich dir Nachricht zukommen lasse und meine Feldpostnummer“, tröstete mich Kurt. Und den Weg fand er, indem er mir kurze Kartengrüße sandte, immer unterschrieben mit „Gefreiter Knätschke“. Die erste Karte war sehr poesievoll: „Mit dem Pfeil dem Bogen, durch Gebirg und Tal, kommt ein Gruß geflogen, von wem, das rat einmal.“

Nun, ich brauchte nicht zu raten, dafür zerbrach sich meine Mutter umsomehr den Kopf.

Nun schrieb ich meinem Kurt natürlich lange Briefe. Beim ersten Brief überlegte ich lange, welche Anrede ich schreiben könnte. Sie sollte möglichst originell sein. Mit meiner Fantasie muß es damals aber nicht zum besten bestellt gewesen sein, nach vielen Überlegungen schaffte ich es nur zu einem „Liebster Kurt“.

Als ich dann nach knapp einem halben Jahr nach Königsberg ging und bei meiner Tante Frida in Pension war, freute ich mich, daß Kurt mir nun auch Briefe schreiben konnte. Meine Freude war aber jäh beendet, als ich den ersten Brief von ihm erhielt: Er strotzte von Fehlern, und als ich dann noch las: „Meine Liebe zu Dir brännt wie das Feuer im Ohfen“, — da war bei mir der Ofen aus. Kurt bekam von mir bald einen schönen Abschiedsbrief, und meine erste Liebe war beendet.

Das Schlachtefest

Der Papa sagt zur Mutter heut':
„Ich glaub' nu ist es all so weit,
das Pochelchen, es ist all gut,
wird Zeit, daß man es schlachten tut."
„Na gut", meint darauf meine Mutter,
„morgen kriegt er nicht mehr Futter,
bestell' den Schlachter man beizeiten,
und ich werd' alles vorbereiten."

Ach Gottchen — mir tat leid das Schwein,
doch was nun sein mußt', das muß sein.
Der Mensch, der will ja Fleisch zum Essen,
und Pochelchen ist bald vergessen,
wenn das Wellfleisch dampfet auf dem Tisch
und riecht noch so verführerisch.
Um den Zagel streite ich wieder mit den Brüdern,
der Papa kriegt die Nierchen wieder,
Mama suckelt an 'nem Knochchen,
das Eisbein gibt's die nächste Wochchen.

Am anderen Tag wird Wurscht gemacht.
Die Mutter sortiert das Fleisch bedacht:
Für die Leberwurst das Fleisch vom Bauch,
die Schinken kommen in den Rauch,
für die Rauchwurst wird gebraucht der Schuft.
Und bald zieht durch die Küche Duft
von Leber, Fleisch und Majoran,
von Därme, Fett und Thymian.
Schön ausgeschmirgelt wird das Fett
und eingeweckt dann noch Kotlett,
damit der Vorrat reicht für Wochen
und Mutter weiß, was sie kann kochen.
Ach ja — Grützwurscht mußte noch sein,
da hauen am anderen Tag wir rein!
Für drei Tage klebt die Küch' von Fett,
und dann ist unsere Wurst komplett.
Vergessen ist das arme Schwein —
geschlachtet mußt nun einmal sein!

Mutters Vorratswirtschaft

Mit meinem Gedicht habe ich das Wesentliche über das Schlachten gesagt. —

Ich weiß nicht, ob es in anderen Gegenden Ostpreußens auch üblich war, eine Kostprobe des Geschlachteten den nächsten Nachbarn hinzubringen; wir haben es jedenfalls so mit unseren Nachbarn gehalten.

Schätzungsweise zwei bis drei Pfund Fleisch und je einen Ring Blut- und Leberwurst, die „Schmeckwurscht", packte Mutter ein, die ich zwei unserer Nachbarn hinbrachte. Natürlich war es andererseits auch schön, wenn man von den gleichen Nachbarn dann auch eine Kostprobe erhielt. Da ja nie alle zur gleichen Zeit schlachteten, war es eine willkommene Abwechslung im alltäglichen Speiseplan.

Ich frage mich heute mitunter, wie meine Mutter — und natürlich auch die anderen Bäuerinnen — die Familie mit Produkten, die fast ausschließlich vom eigenen Hof stammten, so gut und auch abwechslungsreich versorgen konnte. Wir wissen alle, daß wir damals auf dem Lande nicht einfach in den nächsten Gemüseladen gehen und uns mit Frischgemüse oder Obst versorgen konnten. Gemüse und Obst gab nur der eigene Garten her, Rot- und Weißkohl wurde auf den Feldern in großen Mengen angebaut, ebenso Wruken. Der größte Teil des Weißkohls wurde zu Sauerkumst verarbeitet, die anderen Köpfe kamen in den Keller für Schmorkohl oder Kumstsuppe.

Wer erinnert sich nicht gern an unseren selbst eingestampften Sauerkumst! Die Wände des Fasses wurden mit Sauerteig eingeschmiert, der gehobelte Kohl schichtweise gestampft bis er Saft abgab, zwischen jede Lage wurde Salz und Kümmel gestreut. Nach ein paar Tagen fing er an zu gären, wurde allmählich von feiner Säure gezeichnet, und den ersten Sauerkumst aßen wir mit süßem Schmand und Kümmel, zu Pellkartoffeln und Spirkel. Welch eine Köstlichkeit! Ebenso gern aber aß ich Schedderstroh, wir sagten „Kratenis" dazu. (Esse ich heute noch für mein Leben gern!) War der Weißkohl im Keller zu Ende gegangen, machte meine Mutter von Sauerkohl auch Schmorkohl. Dieser wurde langsam in Schmalz gedünstet bis er eine leichte Braunfärbung annahm, mit Zucker abgeschmeckt und zu Schweinebraten gereicht. Meine Brüder waren immer ganz närrisch, wenn Mutter ankündigte: „Morgen werd' ich Kartoffelkeilchen machen. Reibst mir die Kartoffeln, Alfred?"

„Na kloar, Mutter, moak öck! Doa freu öck mi jetzt all opp de Kielkes", sagte er dann freudestrahlend.

Kartoffelkeilchen mit ausgelassenen kleinen Spirkeln und Sauerkohl dazu, aßen wir alle nur zu gern.

Am anderen Tag dann war Alfred in seinem Element: Er krempelte sich die Ärmel hoch, nahm sich eine große Schüssel und die Reibe, und dann rieb und rieb er die, von Mutter geschälten, Kartoffel, mit seinen kräftigen Händen, schüttete den ganzen Schmadder in einen Leinenkrepsch und knetete ihn an einem schräg gestellten Küchenschemel so lange, bis kein Tropfen Kartoffelwasser mehr herausquoll. Dieses Wasser erfüllte auch noch seinen Zweck, es tropfte in den untergestellten Drankeimer, der für die Schweine bestimmt war.

Es war für uns auf dem Lande schon ein großer Fortschritt, ja nahezu eine Revolution, als die Methode des Einweckens bekannt und sehr schnell populär wurde. Das Fleisch, das früher nach dem Schlachten zur Haltbarkeit nur eingepökelt oder geräuchert wurde, konnte nun eingeweckt werden. Natürlich wurde auch Obst und Gemüse eingeweckt, und wir kamen jetzt auch im Winter in den Genuß von jungen Erbsen, grünen Bohnen, Möhren oder Birnen- und Apfelkompott. Und wenn ich an die vielen Sauerkirschen denke, die es bei uns in der Umgebung gab! Ein großer Teil wurde eingeweckt, Kirschwein wurde angesetzt, und natürlich wurde Kirschkreide gekocht. Das Kirschfleisch wurde in einer Lade mit Querstäben augerieben und fiel in einen großen Holzbottich. Die Kerne blieben oben in der Lade übrig, wurden gewaschen, getrocknet, und für unsere „Ruschelsäckchen" als Einlage verwendet. Diese Ruschelsäckchen waren unsere Bettanwärmer im Winter: Sie wurden am Abend in die Ofenröhre gelegt, die Kerne heizten sich auf, und vor dem Schlafengehen nahm sich jedes Familienmitglied sein Säckchen, das angenehm warm war und bei jeder Bewegung ruschelte — wie wir Ostpreußen zu „rascheln" sagten.

Zum Kirschkreidekochen wurde das Kirschfleisch in einen großen Kessel geschüttet und draußen über offenem Feuer gekocht und eingedickt. Zum Rühren benutzten wir einen Stiel, an dessen Ende ein löffelähnlicher Holzstab war. Man konnte ja nicht zu nahe an den Kessel heran, denn oftmals schoß ein Spritzer von der brodelnden Masse heraus, und diesen in's Gesicht zu bekommen war nicht gerade angenehm. Zumeist wechselte sich die ganze Familie beim Rühren ab, denn es dauerte Stunden, bis die Kreide fertig war. Mutter rührte als Letzte, nur sie konnte beurteilen, ob die Masse fest genug war und vom Feuer genommen werden konnte. Noch heiß wurde die Kirschkreide in Steintöpfe gefüllt und oben mit Zellophanpapier zugebunden. Sie war vielseitig verwendbar: Als Pfannkuchenfüllung, mit süßem Schmand und Zucker gemischt als delikaten Aufstrich für unseren Pierak, und mit Milch und Zucker verrührt gab es sie als Kaltschale.

Eine Delikatesse waren auch die, mit viel Dill und Kirschblätter eingelegten saueren Gurken, die leider nicht sehr lange haltbar waren. So hatte dann Mutter auch nichts dagegen, wenn wir Kinder dem Faß im Keller einen Besuch abstatteten und uns eine dicke Gurke aus der Lake fischten. Wenn man hineinbiß, spritzte mitunter der Saft in's Gesicht, lief die Finger lang, und man mußte aufpassen, daß man sich nicht bekleckerte.

Für Senfgurken wurden große, gelbe Gurken vom Beet geholt, einen Tag lang in Salzwasser gelegt, geschält, in Streifen geschnitten und zusammen mit Senfkörner, Meerrettichstückchen und Zwiebel in Steintöpfe gelegt. Das Ganze wurde dann mit heißem Essigwasser übergossen.

Ach ja, — die Essigkruschkes sollte ich nicht vergessen zu erwähnen, die, abgeschält, aber mit Stielen, süßsauer in Steintöpfe gelegt wurden und herrlich zum Schmengern waren.

Das Räuchern von fettem und magerem Speck, sowie Schinken, Schulter und diverser Rauchwurst wurde ja, nachdem die Schinken 14 Tage in Salzlake gelegen hatten, nach jedem Schlachten gemacht. Aber welch ein Schaden war es, wenn sich, nach dem Räuchern, mal die Maden im Schinken eingenistet hatten! Obwohl Mutter die Schinken und den Speck in Leinen eingenäht hatte, ist es mitunter doch passiert. Der penetrante Geschmack hatte meist den ganzen Schinken durchzogen und war ungenießbar; es blieb nichts weiter übrig, als ihn wegzuwerfen.

Bei „Speck“ fallen mir die „Peluschken“ ein: kleine graue Erbsen, abgekocht, mit süßsauerer Specksoße.

Ich glaube, eine Bauersfrau muß früher schon viel Fantasie gehabt haben, um von eigenen Produkten ein einigermaßen abwechslungsreiches Essen auf den Tisch zu bringen. Sicherlich trug hierzu auch der Gedankenaustausch mit Nachbarfrauen einiges bei, die an langen Winterabenden beim Stricken oder Stopfen stattfanden.

Ich liebte solche Winterabende.

Ich muß wohl schon als Kind sehr kommunikationsfreudig gewesen sein. Selten kam ich nach Schulschluß direkt nach Hause, ging mal mit Ruth, mal mit Edith, Irmchen oder Arno mit nach Hause. „Warst schon wieder walkuhnen", lästerte mein Bruder Alfred. „Walkuhnen" hieß so viel wie rumtreiben, es war ein litauisches Wort.

Wenn meine Mutter sagte: „Wir werden heute abend zu Urbans gehen", war ich selig. Bei hellen Vollmondabenden fand ich solche Ausflüge besonders romantisch. In der, vom Mond verzauberten Schneelandschaft knirschten unsere Schritte im Schnee, aus Vaters geliebtem Pfeifchen fächelte uns der Duft seines selbst angebauten Knasters um die Nase, und unser Hund, der uns meistens begleitete, rannte vor, kam zurück, sprang an uns hoch, und immer wieder steckte er die Nase in den Schnee, um ihn hochzuwerfen. Er genoß diesen Abend auf seine Weise.

Aber auch der Gang an dunkelen Abenden mit der Stallaterne in der Hand hatte seinen Reiz. Wenn kein Schnee lag, der Himmel wolkenverhangen war, war es stockfinster und man verlor ohne Laterne unweigerlich die Orientierung.

Urbans wohnten etwa fünfhundert Meter von uns entfernt. Herr Urban war nicht nur Bürgermeister, er war auch der Standesbeamte von Dickschen und den umliegenden Dörfern. Frau Urban war meiner Mutters und Tantes beste Freundin.

Wie ich schon anfangs geschrieben hatte, war ihr Haus sehr niedrich, und um in Urbans Wohnküche, die von der immer weißgescheuerten Holzdiele aus zu erreichen war, mußte ein großer Mensch schon ganz schön den Kopf einziehen, wollte er nicht gegen den Türrahmen rennen. In der Wohnküche stand links von der Tür der Herd, über dem Kochtöpfe und Pfannen hingen, von ihm aus wurde auch der dicke Kachelofen mitgeheizt. Von einer Ofenbank umkränzt, nahm er, mit der Stirnseite in den Raum ragend, einen großen Teil der Wohnküche ein. Rechter Herd von der Tür hatte die unentbehrliche Wasserbank ihren Platz, auf der die, vom Ziehbrunnen aus gefüllten Wassereimer mit dem darin hängenden Stippel standen. Unter der Bank thronte der Drankeimer, bereit die Küchenabfälle und Abwaschwasser (ohne Geschirrspülmittel!) aufzunehmen.

Gleich neben der Bank steckte die Waschschüssel in einem Metallgestell, darüber hing an der Wand der Handtuchhalter mit einem fein säuberlich gestickten Überhandtuch. An den eingestickten Spruch kann ich mich nicht mehr erinnern, wohl aber an den Spruch des Wandbehangs, der über unser Chaiselongue hing: „Im Glück nicht jubeln, im Leid nicht klagen, das Unvermeidliche mit Würde tragen.“

Links von der Waschschüssel stand ein kleiner Tisch, wo zur Weihnachtszeit der, von Frau Urban fantasievoll geschmückte, kleine Weihnachtsbaum dem, sonst dort stehenden Volksempfänger den Platz streitig machte. Das kleine Fenster, das zwischen den dicken Lehmwänden eingebettet war, war besonders zu bewundern, wenn es sein Winterkleid erhielt: Hinter dem Doppelfenster zierten bunte Blüten aus Seidenpapier, auf Holzwolle gebettet, den Ausblick auf den schneebedeckten Hof.

Unterhalb des Fensters begann bereits die Eckbank, vor der der Eß-, Arbeits- und Spieltisch stand. Darüber hing die Petroleumlampe. Links daneben hatte der, mit allerlei Zierrat versehene, schmalbrüstige Küchenschrank seinen Platz.

Soweit wäre dieses eine ganz normale Wohnküche gewesen, aber es standen außerdem noch zwei Betten links vom Ofen, die Schlafstatt der so liebenswerten Großeltern.

In diesem Raum nun wurde gekocht, gebraten, gegessen, geraucht, Schularbeiten gemacht, gespielt, musiziert (der Sohn Bruno versuchte sich auf der Geige) und geschlafen — aber es war urgemütlich! Und besonders die lauschige, schummrige Ecke hinter dem Ofen, wo wir Kinder, wenn die Erwachsenen um den großen Tisch beim Schabbern saßen, uns auf der Ofenbank Geistergeschichten erzählten oder Wortspiele machten.

Holte dann Arno noch seinen bunt bemalten Pferdestall mit dem Schimmelgespann auf Rädern vom Speicher, so war das für mich der Höhepunkt des Abends: Wir spannten die Pferdchen vor den dazugehörenden Leiterwagen, beluden ihn mit Bauklötzen und „fuhren zum Markt“, „fuhren Heu ein“, spannten die Pferdchen aus und fütterten sie — wir ersannen immer neue Möglichkeiten.

Pferde haben mich als Kind magisch angezogen. Ich erinnere mich noch gut daran, als Vater mal wieder mit einem neuen Pferd vom Markt kam, ich, die ich noch keine fünf Jahre alt war, fragte: „Papa, kann ich auf dem Pferd auch reiten?“ „Aber sicher, Tochterchen“, antwortete mein Vater, „auf dem Pferdchen kannst auch reiten.“

Mein Vater stellte das Pferd in den Stall, gab ihm zu fressen und ging in die Küche. Ich hatte nichts Eiligeres zu tun, als gleich das Pferd auszuprobieren: Mühsam hangelte ich mich an der Stallwand, wo Kanthölzer einzeln vorstanden, hoch, hielt mich an der Mähne fest, und schon saß ich oben. Das Pferdchen schaute nur einmal verwundert nach hinten, wandte den Kopf wieder der Futterkrippe zu und fraß ruhig seine Häcksel-Hafermahlzeit weiter.

Als ich in die Küche lief und strahlend rief: „Papa, Papa, ich war schon oben auf dem Pferd", fiel Papa beinahe die Pfeife, die er sich gerade stopfte, aus der Hand.

Meine Reitbesessenheit nutzte dann mein Vater ganz schön beim Kartoffelhäufeln aus: Damit er die Hände für den Häufelpflug frei hatte, mußte ich auf dem Pferd sitzen und es durch die Furchen steuern, damit das Pferd nicht in die jungen Kartoffelstauden tapste.

Ein herrlicher Spaß war es, wenn ich mit meinen Brüdern im Sommer mit unseren Pferden — zeitweilig hatten wir drei — zur Szeszuppe ritten, um sie im Wasser mit dem Striegel abbürsteten. Anscheinend gefiel es den Pferden, denn sie hielten geduldig still, schüttelten nur die Mähne oder peitschten mit dem Schwanz, um die lästigen Bremsen fortzujagen.

Der Heimritt war meist ein wenig abenteuerlich. Der Weg führte durch Pötschats Wäldchen, und nun fanden sich außer den Bremsen auch noch Mücken ein, die wohl durch die Ausdünstungen des nassen Pferdekörpers angelockt wurden und die Tiere piesackten. So tänzelten sie hin und her, mal schlugen sie aus, mal stiegen sie mit den Vorderbeinen in die Luft, und ich schlidderte im Badeanzug auf dem feuchten Pferderücken hin und her. Pferdesattel? Nein, den besaßen wir nicht.

Als ich dann etwa zwölf Jahre alt war, ließ mich mein Vater schon mal mit der Harkmaschine, in der nur ein Pferd eingespannt werden konnte, das getrocknete Heu in Wällen zusammenharken, später durfte ich auch eggen und kürzere Wege mit dem Pferdefuhrwerk machen.

Diese Arbeiten waren mir hundertmal lieber als Hausarbeit oder gar kochen.

Zu meinen Aufgaben gehörte schon sehr früh das Hoffegen. Das machte ich mit dem Strauchbesen, von denen mein Vater immer im Winter mehrere aus getrockneten Birkenreisern anfertigte. (Auch Weidenkörbe flocht er selbst, dazu wurden die

Ruten des Weidengebüsches am Teich abgeschnitten und in Wasser gelegt, damit die Ruten geschmeidig waren.)

Strich für Strich fegte ich verstreutes Stroh, Holzspäne, aber hauptsächlich die viele Hühnerkacke zusammen und trug alles auf den Misthaufen hinter dem Stall.

Zum „Beschicken“, wie wir das abendliche Versorgen der Tiere nannten, war die ganze Familie eingespannt. Es mußte Stroh und Häcksel von der Scheune zum Stall getragen werden, Heu vom Heuboden durch die Luke geworfen und dem Vieh in die Raufen gefüllt werden, Runkelrüben gemahlen, Pferdefutter gemengt und in die Krippen geschüttet werden, aus Eimern wurden Pferde und Kühe mit Wasser versorgt, bekamen neue Streu, und die Kühe mußten gemolken werden. Schließlich verlangten auch die Schweine ihre Abendmahlzeit, was sie meistens schon eine halbe Stunde vorher durch schrilles Quieken kundtaten. Im Kartoffeldämpfer, der im Schweinestall stand, wurden für sie die Kartoffeln gleich für mehrere Tage abgekocht. Diese wurden dann mit einem zum S geformten Stampfer kleingehackt, mit Gerstenmehl, Wasser und etwaigen Küchenabfällen aus dem Drankeimer vermischt. Im Sommer kamen noch gehackte Rübenblätter hinzu, die wir von den Runkelrüben auf dem Feld abbrachen und mit der Schubkarre nach Hause brachten.

Ja, wo man hinsah, es gab Arbeit — Arbeit, und jede Hand wurde gebraucht. Es gab ja damals noch nicht die vielen elektrischen, motorisierten oder gar elektronischen Helfer mit allen nur denkbaren Raffinessen, die uns heute die Arbeit abnehmen. Wenn ich nur an den alle vierzehn Tage stattfindenden Waschtag denke: Am Abend vorher wurde die Wäsche in „Henko“ eingeweicht, am anderen Tag auf dem Rubbelbrett vorgewaschen, gekocht, wieder gerubbelt, in „Sil“ klargekocht, gespült, ausgewrungen und aufgehängt oder wurde auf den Rasen zum Bleichen ausgespreitet. War sie dort getrocknet, wurde sie in Abständen mit Wasser aus der Gießkanne begossen. Und manchmal zog die Wäsche die Gänse magisch an, sie watschelten darüber, und die Wäsche mußte nochmals gespült werden.

Hierbei fällt mir noch das „Gänsenudeln“ ein. —

Der Stolz jeder Bauersfrau war, gefüllte Schmalztöpfe in der Speisekammer stehen zu haben, und so mußte dafür gesorgt werden, das die Schweine und Gänse recht fett wurden.

Ab Oktober wurden die Gänse in einen Verschlag gesperrt und genudelt. Aus Hafermehl und Wasser wurde ein fester Teig gemengt und mittels des Fleischwolfs, auf dessen Ende der Trubas zum Wurstmachen aufgesteckt war, wurden die Nudeln hergestellt. Lange, fingerdicke Teigwürste quollen aus der Röhre heraus, und meine Aufgabe war, diese etwa alle fünf Zentimeter abzukneifen und die Spitzen mit den Händen glattzurollen. Diese Keilchen legten wir über Nacht zum Trocknen auf den Herd aus, damit sie fest wurden.

In jedem Jahr auf's Neue begann dann der Kampf mit den Gänsen: Keilchen in's Wasser tauchen, Kopf der Gans fassen und Schnabel aufdrücken, Keilchen in den Schlund schieben. Einige Gänse kapierten es bald und schluckten willig die Keilchen, andere, besonders die Ganter, wehrten sich bis zuletzt.

Es war eine echte Tierquälerei.

Harkmaschine

Da hat die Mutterchen mich geprahlt

Ich hatt' als kleines Kind schon Pflichten,
das war nun mal so auf dem Land.
Die Arbeit, die ich tat verrichten,
sie war ja auch ganz interessant;
und was kam ich mir wichtig vor
wenn ich das Holz vor den Herd tat fleihn,
für die Gisseln kaut' ich Erbsen vor,
und den Hof fegt' ich mit dem Strumpelbesen rein.

Dann hat die Mutterchen mich geprahlt
und mir das Haar gestreichelt,
und ich hab' so vor Freud' gestrahlt,
ich fühlt' mich so geschmeichelt.

Am schönsten war vor allen Dingen,
wenn die Männer waren auf dem Feld
und ich Klein-Mittag konnte bringen.
Dann hab' ich alles hingestellt,
goß jedem ein Topf Kaffee ein
und drückt die Stullen in die Hand,
na, dann hauten alle tüchtig rein —
und wir huckten zusammen an dem Grabenrand.

Dann hat der Papache mich geprahlt
und mir das Haar gestreichelt,
und ich hab' so vor Freud' gestrahlt,
ich fühlt mich so geschmeichelt.

Von Pferden und von einem Hund

Meines Vaters liebstes Steckenpferd, glaube ich, war der Pferdehandel. Nicht, daß er nun laufend Pferde aufkaufte und sie an andere Bauern mit Gewinn weiter verkaufte, nein. Meine Mutter mußte immer darauf gefaßt sein, daß Vater, wenn er am Markttag heimkam, ein neues Pferd vor den Wagen gespannt hatte. Und jedesmal glaubte mein Vater, daß er diesmal einen besonders guten Tausch gemacht hatte; aber das Gegenteil war oftmals der Fall: Mal erwies sich das eingetauschte Pferd als ein Schläger und Beißer oder „Krippensetzer", ein anderes Mal war es dampfig. Bei dieser Krankheit war es kurzatmig, schwitzte stark und ermüdete schnell. Im Plattdeutschen hieß es „Dat Peerd ös dampig".

Ein Pferd, das mein Vater eines schönen Tages nach Hause brachte, hieß „Max" und war ein großer, kräftiger Fuchs. Jedoch nur selten war er gewillt, auch seine Kraft einzusetzen. Er zog den Wagen nur, wenn er merkte, daß dieser nicht zu schwer beladen war und dieses auch nur, wenn man ihm gut zuredete. Oft blieb er mitten auf dem Weg, wenn es ihm so in den Sinn kam, stehen, und da half kein Schimpfen oder gar die Peitsche, — nur vom Wagen steigen, am Zügel fassen, den Hals klopfen und gut zureden: „Na komm, Max, komm — komm!"

Gerade als wir diesen Max unser eigen nannten, hatte meine Mutter zugesagt, einen Teil meiner Schulkameraden mit dem Fuhrwerk nach Lasdehnen zu bringen, das zehn Kilometer von uns entfernt war. Im Sommer waren die Olympischen Spiele in Berlin (1936) gewesen, und es wurde dort darüber ein Film gezeigt, den sich die Schulkinder ansehen mußten.

Das zweite Pferd benötigte mein Vater zur Feldarbeit, und so kutschierte uns meine Mutter mit Max allein den weiten Weg. Mein Gott — was habe ich für eine Angst ausgestanden, daß Max stehen bleibt und uns vor den Klassenkameraden blamiert!

Aber — o Wunder — war es unser munteres Geschnatter, (denn immerhin war es für uns ein ganz großes Ereignis, einen Film zu sehen) waren es die Lieder, die wir in den sonnigen Herbsttagen schmetterten, oder war es die ruhige Art meiner Mutter: Max brachte uns, ohne seine Mucken zu zeigen, nach Lasdehnen hin und wieder zurück; ja, er legte sogar zuweilen ganz willig einen „Zockeltrab" ein.

Mit dem Pferdetausch hörte mein Vater auf, als er es mit der Pferdezucht versuchte. Nachdem er einmal eine besonders gute Stute erstanden hatte, ließ er diese auf dem Gestüt in Eggleningken decken. Leider stürzte „Olga“ — so hieß die Stute — so unglücklich, daß sie sich eine Rückgratverletzung zuzog und wochenlang in einem Tragegestell aus Gurten, die an der Stalldecke befestigt waren, hängen mußte. Sie brachte danach aber trotzdem ein putzmunteres, gesundes Fuchsfohlen zur Welt. Dieses Füllen entwickelte sich so prächtig und wurde eine hervorragende Zuchtstute, die uns alljährlich ein neues Fohlen bescherte. Waren die Fohlen zu zweijährigen Pferden herangewachsen, verkaufte mein Vater sie, nachdem er die Pferde im Geschirr eingearbeitet hatte. 1943 kaufte Vater eine bildhübsche Trakehnerstute hinzu und ließ sie decken, natürlich von einem Trakehnerhengst. Im Frühjahr 1944 brachte „Biene“, so hieß sie, beinahe zur gleichen Zeit wie die Fuchsstute, ein Fohlen zur Welt. Wie übermütig tollten diese beiden Füllen im Sommer im Roßgarten herum, es war eine Freude ihnen zuzusehen! Und diese beiden prächtigen Tierchen blieben, als wir den Hof im Oktober verlassen mußten, alleine zurück. Mein Vater bat den Leutnant einer Militäreinheit, die bei uns Quartier bezogen hatten, sie später zu erschießen.

In unserer Umgebung gab es, abgesehen vom Förster, der zwei Dackel und eine Setterhündin hatte, nur Bastarde. Im Winter, wenn die Hunde von der Kette gelassen wurden, nutzten sie ihre liebesfähige Zeit und sorgten fleißig für Nachwuchs. So wiesen denn auch in der Nachbarschaft alle Hunde verwandtschaftliche Merkmale auf.

Jahrelang hatten wir einen prächtigen Rüden, dem von Tante Anna, die bei uns aus Tilsit zu Besuch weilte, der Name „Rino“ bestimmt wurde. Rino muß als Vorfahren irgendwann mal einen Schäferhund gehabt haben, der Körperbau glich diesem, aber sein Fell war mehr grau als braun, und anstelle der hochgestellten Ohren hingen sie ihm traurig nach unten.

Man sage nur nicht, nur reinrassige Hunde wären gelehrig, treu und schlau!

Rino ließ sich von mir fast alles beibringen: Vom simplen „Pfotchengeben“ über „Kuschen“, „Stockholen“, „Rollen“ bis hin zum „Wagensprung“. Das schien ihm sogar besonderes Vergnügen zu machen, mitunter sprang er, ohne daß ich ihn dazu aufforderte, über den Leiterwagen. Rino entwickelte eine derartige Anhänglichkeit zu mir —, was vielleicht darauf zurückzuführen war, daß ich mich sehr viel mit ihm beschäftigte, ihn des öfteren von der Kette band, ihm meistens das Fressen und im Sommer Wasser brachte. Vielleicht aber lag es auch daran, daß ich ihn eine Zeitlang mit rohen Eiern verwöhnte.

Ich war als Kind ziemlich wild und ungestüm, und so war es kein Wunder, daß ich beim allabendlichen Einsammeln der Eier aus den Nestern stets einige Knickeier im Körbchen hatte. Um nicht jedesmal von meiner Mutter ausgeschimpft zu werden — denn das tat sie natürlich — brachte ich die angeknickten Eier dem Hund hin. Wenn er mich mit dem Korb ankommen sah, saß er schon erwartungsvoll da, sein Schwanz wischte freudig an der Erde lang, und von der seitlich aus dem Maul hängenden Zunge triefte der Speichel.

Schnell schluckte er die Eier mit so einer Gier hinunter, daß nicht einmal die Schale übrig blieb.

Oh, was setzte es aber, als meine Mutter mich einmal dabei beobachtete!!

Nun hieß es, eine neue Lösung zu finden, und ich fand sie. Fortan warf ich die angeknickten Eier einfach unter die Häckselkammer, die an der Scheune angebaut war und unter der ein Hohlraum war. Als dann der penetrante Gestank, der nach einiger Zeit einsetzte, mein neues Versteck verriet, zog mein Vater, ohne ein Wort zu sagen, sein Taschenmesser aus der Tasche, schnitt von den Weiden am Teich eine schöne, schlanke Rute ab und winkte mich zu sich:

„Du weißt warum ich die Rut' abgeschnitten hab'?"

„Ja, ich denk' schon", antwortete ich kleinlaut.

„So — na, dann denk' man auch, daß du das nächste Mal auch die kaputten Eier in's Haus bringst", und er unterstrich seine Worte mit drei, nicht allzu kräftigen Hieben.

Von nun an ging ich vorsichtiger mit den Eiern um!

Es war an einem Wintertag, als Rino, der bei großer Kälte immer von der Kette befreit wurde und zu uns in's Zimmer durfte, versteckt in seiner Hundehütte lag und auch nicht mit schmeichelnden Lockrufen zu bewegen war, herauszukommen. Warum, das erzähle ich mit nachfolgendem Gedicht.

Mein schlaues Hündchen

Ich spielt' so gern mit meinem Hundchen
und wenn auch nur ein Viertelstundchen.
Das Tierchen tat so an mir kleben,
wollt' immer mir die Pfote geben,
wollt auch zu mir in's Bettchen krauchen —
aber da konnte ich ihn nicht gebrauchen.
In's Budchen bracht' ich ihm stets frisches Stroh,
das war für ihn wie ein „Plümoh",
wenn er sich drin so wöltert' ein,
und dann wollt' er mir dankbar sein:
Gleich hatte ich ein Butschchen weg
wenn ich den Kopf in's Budchen steck.
Auch bracht ich immer ihm zu fressen,
auf Eier war er ganz versessen!
Der Sabber lief ihm gieprich all,
holt' ich die Dinger aus dem Stall,
und Eier, die ich eingeknickt,
die schluckt mein Hundchen wie verrückt!

Und schlau vielleicht mein Hundchen war!
Das bewies er mir im Februar.
Ich wollt' ihn in die Stube holen,
da glupt er doch von unten so verstohlen,
den Zagel kneift er auch noch ein,
er will nicht in die Stube rein.
„Bist damlich, Krät, was is mit dir?
Willst, daß ich dir auf's Fell eins schmier?"
Am Halsband werd' ich ihn nun zerren,
er tut sich immer wieder sperren
und in der Zimmerecke sich verkriecht.
Mit einmal das ganz übel riecht:
„Pfui — rau du Schwein — du hast gefiest!!"
Mein Hundchen aus der Tür gleich schießt.
Tat sich mein Hundchen etwa schämen?
Warum sein damliches Benehmen?
Dem Rätsel komm' ich auf der Spur
als unser Nachbar steht im Flur
und lamentiert ganz laut,
unser Hundchen hätt' sein Fleisch geklaut.

Ein Pochelchen hatt' er geschlachtet
und ihn im Schauer erst verfrachtet.
Derweil er sein Kleinmittag aß,
mein Hund von seinem Pochel fraß:
Das Herz, die Leber und die Plauz
und auch ein Stückchen von der Schnauz.
Der Nachbar zittert rein vor Wut.
Meine Mutter meint: „Ich mach das gut,
wenn wir geschlacht' das nächste Mal,
ich will darum doch kein' Skandal."

Mein Hundchen fraß drei Tage nuscht,
nur still in seinem Budchen kuscht.

Ostpreußischer Winter

Wer von uns kennt sie nicht, die ostpreußischen Winter! Wer kennt nicht die herrlichen Schlittenfahrten durch tief verschneite Tannenwälder, in stillen Waldwegen, wenn die dick mit Schnee bepackten Tannenäste unseren Schlitten streiften und ihre Last auf unsere Pelzdecke abluden, unter der wir eingepummelt saßen. An den Füßen hatten wir einen heißen Ziegelstein, und die Stille wurde nur von leisem Schellengeläute oder vom volltönenden Kling-Klang der Glocke, die am Pferdebauch baumelte, unterbrochen. Leise schnaubten die Pferde und ihr Atemdampf vermischte sich mit der eisigen, klaren Winterluft.

Oder wie zauberhaft war jenes Bild: Alles war windstill, die Felder lagen unter Schnee begraben, die Sonne ging als roter Feuerball am Horizont auf und ließ den Schnee leicht rosa schimmern, aus den Schornsteinen stieg kerzengerade der Rauch auf, die Mutter heizte die Öfen an und kochte den Kaffee. Ja, der Kaffee wurde damals gekocht, der gute Malzkaffee — und ein Stückchen Zichorie gab ihm noch das unvergleichliche Aroma!

Nur zu oft aber zeigte sich der ostpreußische Winter auch von einer anderen Seite: Es stürmte und schneite, es stiemte sagten wir — der Sturm schichtete hohe Schneewehen um das Haus, rüttelte an die dick befrorenen Fenster, an Türen, heulte böig im Schornstein auf. Der Vater kam vom Beschicken aus dem Stall und rieb sich die Hände:

„Herrjei — das is heute mal wieder e Wetterche — möcht nich dem Hund rausjagen!" Und dann setzte er sich auf die Ofenbank, stopfte seine Pfeife, und kurz darauf hüllten dicke Rauchschwaden die Petroleumlampe ein.

Onse Oawebank

Wi hade Tohus e Oawebank
dä weer so an zwee Meter lang,
ut Holz se sich om de Eck romtoog,
stabil se weer, ons alle droog.
Se geew fär Voader, Mutter Platz,
uck fär ons Kinder un de Katz.

*Noa dem Fieroawend, noa dem Beschecke,
deed Voader sich de Pip anstecke,
de Mutter hoald sich Ströcktieg vär,
mine Breeder un uck öck keeme her.
Wi deede „Schwarzer Peter“ späle,
de Voader un de Mutter sich war vertelle.*

*Un de Oawe öm Puckel weer ömmer scheen heet.
Ob se beide hiede noch stoahne — wer weet?*

*Noah dem Gänseschlachte wurde hier Fedder geräte.
De Fedderkiel wurde weggeschmäte,
wat äwrig bleew keem önne Kesse
oder wurd geschöckt an Tante Fridas Adresse.
Uck de Bohne wurde opp de Bank utgepellt.
Denn hätt Voader ut sine Soldoatetid vertellt,
un manchsmoal häb wi doabi uck gesunge,
de Mutter hätt ons wat tom Schmengere gebrunge.
Ach joa — de Broatäppel nich to vergäte!
Dä häb wi fär onser Läwe gern gegäte;
wenn önne Medd weer Botter un Zocker drenn —
wi alle opp de Bank, wi haude denn renn
un de Oawe öm Puckel weer ömmer scheen heet.
Ob se beide hiede noch stohne — wer weet?
Schon lang mußd wi dä beide verloate
un wi häbe bettere Träne vergoate.
Keine Oawebank hiede onse Stoawe mehr schmöckt,
kein Kacheloawe ons hiede beglöckt,
mine Breeder beide öm Kreeg sönn gebläwe,
Voader un Mutter, se sönn nich mehr am Läwe.
Dä beide, dä häbe wedder e kleene Bank
an ähre Gräwer, zweschen de Rose mank.
Doa huck öck denn doa, wenn öck to se goah henn,
un ön Gedanke wi alle tosamm wedder sönn:
Min Voader, mine Mutter un uck wi drei Kinder —
wi hucke tosamm opp de Bank,
wie Tohus eenst öm Winter.*

Winterfreuden für uns Kinder

Was gab das doch bei uns im Winter
so schöne Spaßchen für uns Kinder!
Wir gingen rodeln, das war ja klar,
denn Schnee ja meistens bei uns war.
Wie damlich wir uns schneeballierten
und manchen Schneemann fabrizierten.
Das ist auch keine Besonderheit,
das machen Kinderchen auch heut;
aber — Schienchen unter alte Schlorren
und damit übers Eis fein schorren!
Zuerst stuckste man mit einem Bein
und übt'e sich die Balance ein,
bis dann am End' man konnte wagen,
auch unterm andern Schlorr so'n Ding zu tragen.
Na, dann sind wir gepeest übers Eis,
und die Jungens, die rannten uns um — mit Fleiß,
und taten dann noch damlich grinsen,
wenn wir laut anfingen zu plinsen.

Und könnt ihr euch besinnen gar
wie herrlich eine Krängel war??
Wenn das Eis dick genug war auf dem Teich
schlug Papa uns einen Pfahl ein gleich,
und obenauf kam eine Stang'
wo wir unsre Schlittchen banden an.
Immer gab es ein Gedrängel,
denn jeder wollte fahren mit der Krängel,
und keiner wollt' in der Mitte stehn
und unsre hübsche Krängel drehn.
Ich sage: „Ach, nu streit' nich und seid still,
ich dreh sie denn, wenn keiner will."
Ich spirre mich ein und drück dagegen,
daß die Schlittchen übers Eis nur so fegen.
Und ich rutsche aus und schlage lang hin,
mit der Stirn auf das Eis und ganz bedammelt bin.
Das Eis ist kreuz und quer gespalten!
Der Kopp? — Nei — der hat gehalten.

Weihnachten

Und wenn es dann auf Weihnachten zuging!

Etwa vierzehn Tage vor dem ersten Advent wurde der Teig für den Pfefferkuchen angesetzt, dessen würzige Düfte das nahende Weihnachtsfest ankündigten.

In der ersten Adventswoche wurde dann gebacken. Tagelang ging der Backofen nicht aus, immer wieder schob Mutter neue Bleche ein: Bleche mit Pfeffernüssen, die, wenn sie aus dem Ofen genommen waren, einen Zuckerguß-Überzug erhielten, Bleche mit Pfefferkuchen, der nach dem Backen entweder mit ganzen Mandeln gespickt oder mit Zuckerguß überzogen und Zitronatstücken verziert wurde. Aus Pfeffernußmasse entstanden Sterne, Herzen, Halb- oder Vollmonde, die wir mit Schokolade oder Zuckerguß bestrichen, mit Buntzucker oder Schokoladenstreusel bestreuten. Vorzüglich gelangen meiner Mutter alljährlich die Mürbkuchenkekse, Mandelmakronen und das Sandkuchenspritzgebäck.

Wie wohl die meisten Kinder, so war auch ich emsig dabei, meiner Mutter zu helfen. Und mit besonderem Eifer bei der Marzipanherstellung, am Ende des Backens. Wenn Mutter nicht hinsah, mal schnell ein paar Krümel in den Mund gesteckt — schmeckte himmlisch!

War alles gebacken, ausgekühlt, der Zuckerguß getrocknet, packte Mutter die Köstlichkeiten in große Blechbüchsen, die allerdings an den Adventssonntagen kurz geöffnet wurden, um mit Kostproben die Vorfreude auf Weihnachten zu schüren.

Ach, was war ich traurig, als ich dahinter kam, daß es gar keinen Weihnachtsmann gibt! Durch einen dummen Zufall hatte ich die Gesichtslarve unten im Kleiderschrank gefunden. Ich hatte nach etwas Brauchbarem zum Verkleiden gesucht.

Weinend lief ich zu meiner Mutter:

„Mama, Mama, — im Schrank liegt das Gesicht vom Weihnachtsmann! Komm', komm' kuck bloß! Wie kommt das bloß da hin?? Der Weihnachtsmann kann doch nicht sein Gesicht vergessen haben?"

Meine Mutter lächelte:

„Aber Hildchen, hat dir Werner oder Alfred noch nichts erzählt vom Weihnachtsmann?"

„Was sollen die mir erzählt haben", fragte ich verständnislos.

„Ja, dann werde ich es dir jetzt sagen müssen. Du kommst ja nun Ostern schon in die Schule, da ist es ganz gut, wenn du es vorher weißt. Es gibt nämlich gar keinen Weihnachtsmann."

„Aber — aber er ist doch immer gekommen", rief ich ratlos.

„Hast du nicht gemerkt, daß das der Papa war?"

„Der Papa??" Ich überlegte kurz. „Ach darum! Darum trug der Weihnachtsmann auch Papas Schuhe! Na, und die Geschenke, — wo kamen die her?" wollte ich wissen.

„Die Geschenke haben wir und Tante für euch gekauft."

„Und — und kommt jetzt nicht mehr der Weihnachtsmann", sagte ich und weinte wieder.

„Nun, das hat ja jetzt wohl keinen Sinn mehr. Aber", so tröstete mich meine Mutter, „laß man, auch ohne Weihnachtsmann wird Weihnachten immer wieder ein schönes Fest werden."

Und damit behielt sie recht.

In den Wochen vor Weihnachten hatte meine Tante mit ihrer Schneiderei Hochkonjunktur. Es war, als hätten sich all ihre Kunden auf ein neues Kleidungsstück für das Weihnachtsfest versteift. Oft saß sie — bei Petroleumlicht — bis in die Nacht hinein an ihrer Maschine und nähte und nähte. Selbst am Heiligen Abend noch hatte sie bis abends zu tun und räumte erst, wenn wir Kinder schon ungeduldig darauf warteten, in's Weihnachtszimmer gelassen zu werden, Zentimenterband, Kreide, alle Stoffreste und Fusseln weg und deckte die Nähmaschine zu.

Alljährlich fiel ich auf's Neue auf einen Trick meiner Tante hinein: Kurz vor Weihnachten mußte ich entweder ein Kleid, einen Rock oder Mantel anprobieren.

„Ist für Anita", sagte sie nur kurz.

Anita war meine Cousine, wir waren beide fast im gleichen Alter und hatten die gleiche Größe. Meist beneidete ich auch noch Anita um das schöne Stück. Und am Heilig Abend lag just dieses Kleidungsstück für mich unter dem Weihnachtsbaum oder der Weihnachtsmann hatte es — als ich noch an ihn glaubte — aus dem Sack gezogen.

So sehr ich mich über alle Geschenke gefreut habe, — ich glaube heute, der Bunte Teller hat den tiefsten Eindruck auf mich hinterlassen. Mir ist noch lebhaft in Erinnerung, welch Glückseligkeit ich empfand, wenn ich am ersten Feiertag morgens, gleich nach dem Erwachen, mir meinen Bunten Teller holte und auf die Bettdecke setzte. Ich weiß noch wie ich alljährlich einen Kampf mit mir ausfocht, schon mal von den Marzipanherzen, die das Prunkstück des bunten Allerleis waren, zu kosten. Es gab nämlich ein ungeschriebenes Gesetz für uns drei Kinder: wir hatten jeder den Ehrgeiz, am längsten ein Marzipanherz auf dem Teller liegen zu lassen, unversehrt natürlich. Ich war eine Naschkatze und erlag stets der Versuchung; aber vielleicht war auch ein klein wenig Berechnung dabei, denn ich bekam immer vom Sieger — meistens war es Werner — mit sehr gönnerhafter Geste, ein Stückchen ab.

Diese Marzipanherzen (mit braunem Rand, in der Mitte Zuckerguß und bunte Geleestückchen) waren, neben Nüssen, Feigen, Apfelsinen, Schokoladenkränzen, dem bunten Schokoladen-Weihnachtsamann und „Pflastersteinen“, die einzigen gekauften Dinge, alles andere war aus eigener Herstellung, wie vorhin schon erwähnt.

Wir wissen, daß es damals das überaus vielfältige Angebot an Süßwaren, die es heutzutage gibt, zu Weihnachten nicht gegeben hat. Aber uns konnte der Bunte Teller glücklich machen!

Die größte Vorfreude auf Weihnachten wurde, als ich schon lesen konnte, durch das Blättern im Versandhaus-Katalog geschürt.

„Firma F. A. Seiler — Dessau“ stand in großen, fetten Druckbuchstaben auf dem farbigen Deckblatt.

Meine Tante hatte einen großen Kundenkreis, und oftmals suchten sich die Damen den Stoff für das anzufertigende Kleid aus dem Stoffmusterbuch (von Seiler) aus. Meistens blätterten die Kunden auch im Katalog für Haushaltswaren, Bettwäsche, Handtücher und Fertigkleidung, und bestellten auch daraus etwas. So machte Tantchen also Sammelbestellungen für die ganze Umgegend, und zum Jahresende winkte ihr ein ziemlich fetter Bonus.

Großzügig wie Tantchen war, durften meine Brüder und ich uns alljährlich mehrere Dinge aus dem Katalog aussuchen. Was wir dann allerdings bekamen, blieb geheim bis zur Bescherung am Heilig Abend.

Schwierig, schwierig war es, sich zu entscheiden! Tagelang blätterten meine Brüder und ich im Katalog herum, die Seiten mit den Bildern und Beschreibungen der Spielwaren schlugen bereits, wenn man ihn in die Hand nahm, von alleine auf.

STADTWAPPEN VON PILLKALLEN
Melbourne, 9.9.1987

Lange blieben meine Blicke an den Spielen verschiedenster Art hängen, ich war schon als Kind ein kleiner Spielteufel; ob es „Schwarzer Peter", „Mensch ärgere dich nicht" oder ob es Kartenspiele waren, ich bekam nie genug.

Sehr gut kann ich mich noch an mein erstes Buch erinnern, das ich Weihnachten 1932, also im ersten Schuljahr, erhielt. „Moni der Geisbub" hieß es, von Johanna von Spyri. Der Inhalt war in großer Druckschrift, wie wir sie täglich in der Schule schrieben, und in zwei Tagen hatte ich das Buch ausgelesen; ich las es gleich ein zweites Mal. Unerklärlich war mir — und das konnte mir auch niemand aus der Familie sagen — was das Wort „Jodler" bedeutete, denn „Moni der Geisbub", so stand es geschrieben, „stieß vor Freude einen Jodler aus".

In jedem jahr faszinierte mich im Katalog der bunt bemalte Pferdestall mit dem dazugehörenden Schimmelgespann auf Rädern, in jedem Jahr wünschte ich ihn mir, den bunten Stall, — nie bekam ich ihn.

„Warum habe ich eigentlich nie den bunten Pferdestall zu Weihnachten bekommen", fragte ich in späteren Jahren mal meine Mutter.

„Das war doch Spielzeug für Jungs, und du warst ein Mädchen", antwortete sie mir.

Und Mädchen müssen ja mit Puppen spielen.

Unerfüllter Weihnachtswunsch

Ach Gottchen — hatt' ich Schiß vorm Weihnachtsmann!
Wenn er stand vor mir mit dem langen Bart,
ich mein Gedicht nur stottern konnt',
das mir so eingetrichtert ward.
Ich sah ihm ängstlich in die Augen:
Ob er mir auch bestimmt nuscht tut??
Ich tu an meinem Daumen saugen
und krieg' ein bischen mehr schon Mut.

Warum nur trägt er Papas Schuh',
die mit dem ausgebeulten Zeh?
Ich muß mich doch begniddern nun
und sag' ganz aufgeregt: „Herrjeh —
der hat ja Papas Schuh geklaut!
Ja darf denn das vielleicht der Weihnachtsmann?
Der — ratsch — mich mit der Rute haut,
und ich fange zu plinsen an.
Im Heulen sag' ich mein Gedicht jetzt weiter
vom „lieben, guten Weihnachtsmann".
Von mir aus hol ihn doch der Deiker,
wenn er man nuscht als Schlagen kann!
Doch als ich nun zu Ende bin
da streichelt mich mit eins der Krät,
grapscht in den großen Sack hinein
und sagt, daß er was für mich hätt'.
Ich wäre doch sonst 'ne gut' Marjell,
— woher er das nun wieder weiß? —
holt eine Puppe vor ganz schnell.
Eine Pupp' — o je — ich sag ganz leis:
„Hast du vielleicht ein Pferd mit Wagen,
mit Stall dazu aus buntem Holz?"
So lang tat mich der Wunsch schon plagen,
ein eigenes Pferdchen wär' mein ganzer Stolz!
Beim Arno, unserm Nachbarssohn,
da kann ich immer damit spielen.
Er kriegte es vorige Weihnacht schon,
und ich tat dieses Jahr danach schielen.
Der Weihnachtsmann, er hatte es nicht,
mein Holzpferdchen mit buntem Stall,
und in jedem Jahr hoffte innig ich,
daß ich es bekam diesesmal.
Ich wurde erwachsen, wurde groß,
fuhr längst mit richtigem Pferd und Wagen —
doch wurde ich nie den Gedanken los
an das Holzpferdchen aus Kindertagen.

Gedanken zur Heiligen Nacht

*Heilige Nacht, du kehrst nun wieder,
dein Kommen kündet der Advent.
In trauten Runden klingen Lieder
wie man von altersher sie kennt,
die wir als Kinder froh schon sangen
im heimatlichen Familienkreis.*

*Drauß' war der Himmel schneeverhangen,
zur Erde schwebten Flocken leis,
verzauberten das weite Land
und machten weiß den dunklen Wald,
und ferne — wie von Zauberhand —
die Weihnachtsglocke uns erschallt.*

*So weit liegt dieses nun zurück,
und vieles ist seitdem geschehn;
doch wollen wir mit frohem Blick
der Weihenacht entgegensehn.
Die Liebe, uns von Gott gesandt,
durch Christi heilige Geburt,
umschließe uns mit festem Band,
sei unser's Lebens oberstes Gebot.
Wenn dich das Schicksal auch mal schlägt,
sag' trotzdem „ja" zu deinem Leben.
Nur der, der Liebe in sich trägt,
kann anderen Menschen Liebe geben.*

*In unserer heutigen schnellen Zeit
wird viel, was früher galt, vergessen,
wird allzu leicht — mit Eitelkeit —
der eigene Wohlstand nur gemessen.
Laßt uns gerade jetzt in stillen Tagen
an wahre Lebenswerte denken:
Man kann so vielen Menschen liebe Worte sagen
und wird so reichlich damit schenken.
Das Schenken muß nicht teuer sein,
tust du aus vollem Herzen geben.
Die Liebe macht den Wert allein,
die Gott uns sandte einst zum Leben.*

Die stille Zeit

Weihnachtszeit, du stille Zeit. —
Du stille Zeit??
Das war einmal, das liegt zurück so weit.
In unserer Heimat dazumal,
da gab's die Ruh' und Stille noch,
beim trauten Petroleum-Lampenschein,
wenn's Haus nach Pfefferkuchen roch
und in der Nacht vom Mondenschein
verzaubert war das weite Land
vom reinen, weißen Schnee
gleich einem Silbersee —
darüber sich der Sternenhimmel spannt.

Heut' gibt es nur ein hektisch Eilen,
und dieses grad' zur Weihnachtszeit.
Sollten wir nicht innehalten, verweilen,
uns wieder üben in Bescheidenheit?
Laßt hinein in euere Herzen
Friede, stille Fröhlichkeit,
und seid beim Schein der Weihnachtskerzen
zur stillen Einkehr nun bereit.

Weihnachtsglocken, sie sind verstummt

Weihnacht ist heute auf der Welt,
Freude und Hoffnung die Herzen erhellt;
doch Wehmut zieht in mein Herz heute ein,
denk' an die ferne Heimat ich mein.

Weihnachtsglocken, sie sind verstummt,
nur leise der Wind durch den Kirchturm noch summt,
Glocken der Heimat, hört einmal sie ich —
es wäre die schönste Weihnacht für mich.

Gebettet liegst du im weißen Gewand,
mein fernes, geliebtes Heimatland,
kein Kerzenschein mehr unsere Fenster erhellt —
über weitem Land nur das Sternenzelt.

Weihnachtsglocken, sie sind verstummt...

So weilen heut' unsere Gedanken bei dir,
Grüße zur Weihnacht dir senden wir.
In unser Herz stets bist du gebannt —
ach, mein geliebtes Heimatland.

Weihnachtsglocken, sie sind verstummt...

Die „Zwölften“

Etwas unheimlich war mir, wenn von den „Zwölften“ gesprochen wurde. Die „Zwölften“ fingen in der Nacht vom Heiligen Abend zum ersten Feiertag an und dauerten bis zu den „Heiligen Drei Königen“. In dieser Zeit durfte keine Wäsche auf der Leine hängen, es hieß, dann würde jemand aus der Familie sterben. Nichts durfte sich drehen in dieser Zeit: Die Nähmaschine stand still, keine Milch durfte geschleudert werden — die Sahne wurde abgeschöpft — Häcksel wurde auf Vorrat geschnitten, Kaffee wurde auf Vorrat gemahlen, und natürlich durfte auch nicht gesponnen werden. Dieses alles unterließ man, weil, wie man (aber)glaubte, sonst das Vieh krank werden würde.

Was mir aber meine Oma erzählte als ich sieben Jahre alt war, beschäftigte meinen kleinen Kopf besonders.

„Hildchen, weißt du eigentlich, daß in der Sylvesternacht die Pferde sprechen können“, fragte mich Oma mit ihrer leisen, etwas brüchigen Stimme.

„Nein — Omchen, ist das wirklich wahr? Erzähl!“

Oma legte ihre „Keleiwis“, die litauische Zeitung, die einmal in der Woche kam, beiseite und nahm ihre Brille ab.

„Ja, weißt du, da is nicht viel zu erzählen. Man muß eben die ganze Nacht im Stall aufpassen. Keine Laterne darf brennen, und man muß sich auch ganz ruhig verhalten.“

„Und dann sprechen die Pferde richtig wie Menschen“, fragte ich atemlos.

„Ja, wenn Glück hast“, nickte Oma mit dem Kopf.

„Vielleicht pass’ ich Sylvester auf, ist ja nicht mehr lange hin“, sagte ich zögernd. So ganz wohl war mir dabei nicht.

Weihnachten kam mit seinen Überraschungen, dem bunten Teller, es gab Gänsebraten, beinahe vergaß ich mein Vorhaben.

Am Sylvestermorgen erinnerte mich meine Oma: „Na, Hildchen, gehst heute in den Stall?“

„Ach ja — richtig, ich wollte ja wissen, ob die Pferde wirklich reden könne. — Ja, ich bleibe auf und geh in den Stall“, sagte ich entschlossen.

Meine Mutter, die gerade dabei war Torf in den Herd nachzulegen, sagte kopfschüttelnd: „Du kommst aber auch auf Ideen!“

Bei uns auf dem Lande kannten wir nicht die Sitte, zur Begrüßung des Neuen Jahres Raketen abzufeuern oder zum Ball zu gehen. Nur wenn der Wind günstig stand, konnten wir die Kirchenglocken vom fünf Kilometer entfernt liegenden Wedereidischken hören, wenn sie das Neue Jahr einläuteten.

Der Abend verlief bei uns sehr beschaulich. Mutter füllte uns Kindern den Bunten Teller neu auf mit Nüssen und Pfefferkuchengebäck, wir durften manchmal Bleigießen, aber meistens hatte Mutter anstelle des Bleigießens neun kleine Figuren aus Wruken geschnitten, die wurden unter Kaffeetöpfchen gelegt und gut durcheinandergemischt. Jeder unserer Familie hob eins an und konnte an Hand der gefundenen Figur ein Ereignis im kommenden Jahr deuten. Ein Hufeisen bedeutete „Glück", runde Scheibchen „Geld", das Brot „reiche Ernte", Kind in der Wiege „ein Baby", der Ring „Verlobung", Mann und Frau „Hochzeit", der Schlüssel „das Haus verlassen", ein Totenkopf bedeutete, daß ein Familienmitglied stirbt. Dann gab es noch die „Himmelsleiter", deren Bedeutung weiß ich nicht mehr. Der zehnte Topf blieb leer, er bedeutete „Unglück". „Unglöck kömmt von selvst", sagte man.

Bei heißem Punsch, der für uns Kinder aus Tee mit Himbeersaft bestand, vertrieben wir uns mit Spielen die Zeit, bis die große Wanduhr zwölf Uhr schlug.

Heute interessierten mich die Spiele nicht sonderlich, ich war mit meinen Gedanken bereits im Stall. Kurz nach zehn Uhr sagte ich, betont wichtigtuerisch: „Also ich geh denn in den Stall." Meine Brüder sollten meinen Mut ruhig ein bischen bewundern.

Statt dessen sagte Alfred nur trocken: „Warscht bestämmt önnschloape!" Und Werner ironisch: „Na denn man viel Spaß!" Beide kicherten.

Ich nahm mir eine Decke von der Chaiselongue, steckte die Laterne an, die im Flur an einem Haken hing, und ging zum Stall. Im Stall empfing mich wohlige Wärme und der Geruch von Dung und den Tieren. Die beiden Pferde schauten mich mit großen Augen an, Lore schnappte leicht nach meiner Hand und schüttelte enttäuscht den Kopf, als sie meine Hand leer fand. Ich hätte aber auch wirklich daran denken können, ein Stück Brot für die Pferde mitzunehmen. Deshalb holte ich für jedes Pferd eine dicke Runkelrübe aus der Futterecke, legte sie in die Krippe und tätschelte beiden Pferden den Hals. Ich machte mir nun im Heu, das unter der Leiter lag die zum Heuboden führte, ein Plätzchen zurecht und kuschelte mich mit der Decke ein. Ach ja, ich mußte ja noch die Laterne löschen. Völlige Dunkelheit umfing mich als sie aus war, und mir wurde ein wenig unheimlich. Von den Pferden war das knirschende Geräusch vom Zerbeißen der Rüben zu hören, ab und zu klirrte eine Kette von den Kühen, draußen bellte der Hund mal kurz auf. Dann verstummte das Knirschen, ein Pferd gab ein kurzes Schnauben von sich. Ich lauschte. Na, sagten sie was? Aber vielleicht sprachen sie erst um Mitternacht. Mich kitzelte ein Halm an der Nase und ich mußte niesen. Erschreckt sprang ein Schaf auf, das ganz in der Nähe lag. Ich malte mir aus, was meine Brüder wohl sagen würden, wenn ich ihnen morgens die Botschaft verkünden würde „Die Pferde können doch sprechen“! Sie würden es mir sicherlich nicht glauben. Sollten sie doch im nächsten Jahr selbst im Stall aufpassen.

„Ich lege mich jetzt hin, zu fressen gibt es bestimmt nichts mehr“, geisterte plötzlich eine tiefe Stimme durch den Stall. „Warten wir noch, das Mädchen ist noch im Stall, paar Handvoll Hafer wären auch nicht zu verachten“, antwortete eine hellere Stimme.

Ich muß wohl zusammengezuckt sein, mein rechter Fuß stieß gegen die Leiter, diese fiel mit Gepolter um und begrub mich halb unter sich. Die Schafe blökten erschreckt, die Kühe sprangen kettenklirrend auf, die Hühner, die nebenan ihren Verschlag hatten, flatterten kadakschend von der Stange — der ganze Stall war in Aufruhr!

Ich selbst hielt mir benommen die schmerzende Stirn und befühlte meine wachsende Beule. Hatte ich denn nun wirklich die Stimmen der Pferde gehört? War es ein beginnender Traum gewesen? Ich wußte es nicht. Aber ich hatte die Nase voll von dem Abenteuer, tastete mich im Dunkeln an der Futterkrippe der Pferde entlang in’s Freie, schlich in das Haus und suchte verstört mein Bett auf, wo ich noch lange, lange wach lag

Musikunterricht in Königsberg

Im Herbst 1942 schaffte es meine Tante Frieda, meine Eltern dazu zu überreden, daß ich zu ihr nach Königsberg durfte. In der Nachbarwohnung von ihr befand sich eine Stenotypistin-Schule, und hier sollte ich einen halbjährigen Kursus mitmachen, um dann Stenotypistin zu werden. Meine Eltern brauchten für Tante Frieda kein Pensionsgeld zu zahlen, sie hatte eine gutgehende Speisegaststätte. Dafür bekam sie dann von uns des öfteren Eier, Rauchwürste, ein Stück Schinken oder Geflügel. Besonders Onkel Arthur, ihr Mann, delektierte sich auch gern an einer geräucherten „Spickbrust" von der Gans.

Was für mich aber das Wichtigste an der Umsiedlung nach Königsberg war: Ich durfte Klavierstunden nehmen! Akkordeon spielte ich schon, so gut man es eben, ohne Stunden gehabt zu haben, kann. Natürlich nur nach dem Gehör und ohne Noten.

Tante Frieda besaß ein Klavier in der Gaststätte, das wurde sofort in die Wohnung gebracht und gestimmt. Gleich in den ersten Tagen meines Aufenthaltes bei ihr, ging sie mit mir zur hiesigen Musikschule des Volksbildungswerkes, um mich für die Klavierstunden anzumelden. Zufällig war der Leiter der Musikschule, Herr Kühn, anwesend. Er sah mich musternd an und sagte dann:

„Fräulein Mischke, ich möchte gern mal Ihr musikalisches Gehör prüfen. Kommen Sie doch bitte, morgen abend noch einmal her, heute habe ich keine Zeit mehr dazu."

So ging ich am nächsten Abend wieder zu ihm hin. Zuerst mußte ich ihm ein Lied vorsingen, dann spielte er eine Reihe von Tönen auf dem Klavier vor, die ich nachsingen mußte. Jede Tonreihe war einen Schwierigkeitsgrad größer als die vorhergespielte.

Er war sehr zufrieden mit mir, ich hatte alles richtig nachgesungen, und er sagte, daß er mich im Auge behalten möchte. Ich solle doch bei ihm in der Abendschule ein paar Kurse belegen, besonders den, in dem er das Singen nach Handzeichen einübte: Was ich dann auch tat. Noch im gleichen Winter mußte ich Herrn Kühn als Demonstrationsobjekt dienen: Die Musiklehrer des ganzes Kreises Königsberg waren zusammengekommen, ihnen sollte die Methode des „Singens nach Handzeichen“ gezeigt werden, damit sie an ihren Schulen dieses auch einführen könnten. Herr Kühn vollführte mit mir die schwierigsten Modulationen: von B-Dur nach Fis-Dur, weiter Es-Dur, usw. Ich war mir dessen gar nicht bewußt was ich da für Schwierigkeiten bewältigte, — und das war gut so, sonst hätte ich es wahrscheinlich gar nicht geschafft. Am anderen Tag wurde von diesem Experiment in der Zeitung berichtet, mein Name wurde sogar genannt, — ich war ordentlich stolz darüber.

So begann nun in Königsberg eine herrliche Zeit für mich. — Königsberg war eine so reizvolle Stadt, und es gab für mich jeden Tag etwas Neues zu entdecken. Denke ich heute so zurück, — Königsberg ist für mich die schönste Stadt, die ich kenne.

Wir wohnten am „Heumarkt“, ganz in der Nähe des Steindammes. Gemeinsam mit meiner Cousine Erika bewohnte ich ein Zimmer. Erika war vier Jahre älter als ich, und durch sie kam ich des öfteren in den Genuß, mir auch Filme anzusehen die „Unter achtzehn verboten“ waren. Irgendwie schaffte sie es immer wieder, mich an den argwöhnischen Platzanweiserinnen vorbeizuschmuggeln.

Meine Tante Frieda war sehr resolut, groß, kräftig, — ihr Mann dagegen klein und dick. Gingen sie zusammen in ihr Geschäft, so sah man Tante Frieda auf der einen, Onkel Arthur auf der anderen Straßenseite gehen.

Im Frühjahr war Tante Frieda der Meinung, ich müßte auch einen Hut haben. Sie ging mit mir zu „Reinhold“ und kaufte mir einen Hut nach ihrem Geschmack.

Am darauf folgenden Sonntag wollte Erika mit mir in die Konditorei „Schwermer“ gehen, und ich mußte durchaus den neuen Hut aufsetzen. Mir war gar nicht wohl in meiner Haut, das heißt „in meinem neuen Hut“, — und ich hatte das Gefühl, das mich alle Leute auf der Straße anstarren. „Erika, ich kann mir nicht helfen, aber ich glaube, mein Hut ist doch ein bißchen auffallend, — so bunt wie der ist.“

„Aber Hilde! Ein Hut muß schon bischen auffallen, das ist schon ganz richtig so. Wirst dich schon gewöhnen an ihn“, sprach Erika mir Mut zu.

Als wir dann zu „Schwermers“ hereinkamen und an einen Tisch vorbeigingen der mit Soldaten besetzt war, hörte ich, wie einer sagt:

„Kuckt mal, die hat einen Hut auf dem Kopf, der sieht aus als ob er auf'm Rummel geschossen ist!“ Die anderen Soldaten lachten schallend — ich aber machte auf dem Absatz kehrt.

Weinend erzählte ich es zu Hause Tante Frieda. Vor allen Dingen tat es mir um die fünfundzwanzig Mark leid, die der Hut gekostet hatte; denn mir war klar, daß ich den Hut nie wieder aufsetzen würde. Ein paar Tage später erzählte mir Tante, daß sie jemand gefunden hätte die den Hut abkaufen will, und sie gab mir die fünfundzwanzig Mark. — Viel später erfuhr ich von einer Nachbarin, daß den Hut niemand gekauft hatte, Tante Frieda hatte den Hut verbrannt.

So war meine Tante Frieda.

Dann hatten wir bei uns noch die „Mamchem“ zu wohnen, sie war die Mamsell in Tantes Gaststätte. Mit sechsundsechzig Jahren war sie schon Urgroßmutter, rauchte wie ein Schlot und hatte Gesichtszüge wie ein Chinese; auch die Gesichtsfarbe war leicht gelblich. Mamchen machte jeden Blödsinn mit: Versuchten wir mit Erika einen Kopfstand, oder aus dem Stand heraus über einen Stuhl zu springen, — Mamchen war mit von der Partie. Mit Vorliebe habe ich ihre, irgendwo abgelegte Brille mit Fett eingeschmiert. Dann bekam ich aber was von ihr zu hören!

„Du ooler Hoamerkopp, du Schietkobbel, Diewels-Marjell“, ihr Wortschatz war schier unerschöpflich.

Einmal haben wir uns mit Erika einen, doch etwas makaberen, Scherz ausgedacht: Wir schrieben Mamchen einen Brief — auf der Schreibmaschine — mit dem Absender des hiesigen Krematoriums. Er fing an mit den Worten: „Da Sie das zuständige Alter erreicht haben und die Gesellschaft keinen Nutzen mehr von Ihrem Weiterleben hat, werden Sie gebeten, sich am ... im Krematorium, zwecks Verbrennung einzufinden ...“

Bis hierher las Mamchen, dann schrie sie auf:

„Du, Frieda! Ich — ich soll verbrannt werden!“

Vor Schreck sprach sie Hochdeutsch.

Erika und ich prusteten im Nebenzimmer los vor Lachen, und Mamchen schaltete daraufhin schnell:

„Ju krätsche Marjellens ju, — mi son Schreck entojoage! Bloß Damlichkeite häw ju em Kopp! Eck spräk kein Woort mehr met ju!“

Nach Ablauf des halben Jahres in der Stenoschule, bekam ich mein Abschlußzeugnis und hätte nun eigentlich eine Stelle als Stenotypistin antreten können. Stenotypistinen wurden damals mit einem Anfangsgehalt von einhundertzwanzig Mark eingestellt.

Herr Kühn hatte jedoch andere Pläne mit mir. Er riet mir zur musikalischen Berufsausbildung. Auf meinen Einwand hin, daß dieses meine Eltern gar nicht bezahlen könnten, erwiderte er:

„Sie brauchen nur die Klavierstunden weiterhin zu bezahlen, alles Weitere ist für Sie frei. Sie besuchen meine Seminare, und Harmonielehre gebe ich Ihnen privat. Die erforderlichen Lehrbücher bekommen Sie ebenfalls von mir kostenlos."

Hierzu muß ich sagen, daß Herr Kühn, neben seinen Seminaren am Konservatorium, Seminare in der Musikschule des Volksbildungswerkes einführte. Mein Berufsziel war, Musiklehrerin an eine dieser Musikschulen zu werden.

Ich fuhr nun zu meinen Eltern nach Hause und hoffte sehnlichst, ihre Zustimmung zu erhalten. Nach vielen Überlegungen und auf mein drängendes Bitten hin, stimmten sie schließlich zu.

In den folgenden Wochen und Monaten sah nun mein Tagesablauf anders aus. Ich war mit großer Begeisterung dabei, in den Seminaren mit denjenigen mitzuhalten, die das Abitur hatten und war vor Freude ganz aus dem Häuschen, als ich im Sommer als einzige Schülerin eine Freifahrt zu den Bayreuther Festspielen bekam. Die Fahrten wurden von „Kraft durch Freude" unternommen.

Leider war dann alles zu Ende, als ich im Januar 1944 nach Hause mußte, um meinen Eltern Beistand zu leisten. Mein Bruder Werner war gefallen.

Geliebtes Königsberg...

Wer dich gekannt, geliebtes Königsberg,
der weiß, wie schön du warst!
Wer dich geliebt, du schönes Königsberg,
du stets ihm Treue wahrst.

Wer könnt vergessen je dies Bild:
Das Schloß, in dem ein König sich gekrönt,
das „Blutgericht“ bewahrt in sein' Gefild,
wo mancher Bacchus hat gefrönt.

Vom Turm, nach Norden, man den Schloßteich schaut,
mit kleinen Booten bunt geschmückt;
danach der Oberteich, vertraut
man seine grünen Ufer blickt.
Dazwischen, einst der Stadt zur Wehr,
der Festungswall. Von Tor zu Tor,
in grünem Kleid, dir bietet er
Erholung, steigst du zu ihm empor.

Der Dom auf seiner Insel, mächtig —;
davor des großen Philosophen Grab. —
Du stehst versunken, andächtig,
hier Ruh' und Stille dich umgab.
Nicht weit entfernt ist munteres Treiben,
lenkst deine Schritt zum Fischmarkt du.
Du wirst ein Weilchen stehen bleiben
und schaust den Fischfrauen dann zu.
Ihr Mund, in schönstem Heimatplatt,
weiß gar, die War' zu preisen!
Manch Fremden es schockieret hat,
tat mal die Zung' entgleisen.

Den Berg hinauf, am Schloß vorbei,
du durch die Kantstraß' gehst;
schaust an „Gehlhaars“ Konditorei,
dann du vorm Königsgarten stehst.
Versteckt im Grünen, hinter Bäumen,
steht die „Albertus“-Universität;
hier hat, in ehrfurchtsvollen Räumen,
studiert schon manch' Kapazität.

Bist du der Kunst dann zugetan,
liebst Oper oder Operette,
das Stadttheater nebenan
ist hier dafür die richt'ge Stätte.

Der Steindamm ist das Herz der Stadt,
hier spürst du um dich Leben.
Im „Berliner Hof" du speisest delikat,
in's „Alt-Wien" kannst du zum Kaffee dich begeben.
Zur Unterhaltung dient „Alhambra" dir,
das Kino, das die neuesten Filme bringt,
und Straßenbahnen halten hier,
willst du zum Bahnhof unbedingt,
nach Tragheim oder nach Juditten,
Maraunenhof — Amalienau.
Ja, — Königsberg ist unbestritten
die schönste Stadt im ganzen Gau.

Wer dich gekannt, geliebtes Königsberg,
der weiß wie schön du warst!
Wer dich geliebt, du schönes Königsberg,
du stets ihm Treu wahrst.

Ergänzung

Dieses nun waren einige meiner Erinnerungen an meine alte Heimat, und ich muß sagen, daß ich selbst erstaunt bin, noch, nach zum Teil 57 Jahren, mich an so viele Dinge zu erinnern. Aber als ich beim Schreiben war, fiel mir immer mehr und immer mehr ein, ich mußte ergänzen, vieles einfügen, es war mitunter so, als rolle ein Film vor meinen Augen ab. Und durch meine Schilderungen ist mir mein Zuhause wieder so nahe gerückt, oft hat mich eine unbändige Sehnsucht danach gepackt.

Ich möchte Ihnen, liebe Leser, raten, es selbst einmal zu versuchen, Ihre Erinnerungen aufzuschreiben. Sie werden bald merken welche Freude das macht, und Ihre Nachkommen werden es Ihnen danken.

Vielleicht taucht die Frage auf, was mit und nach der Flucht war. Hierüber habe ich in der Buchreihe „Stunde Null", Band 5, „Lager 6437", Rautenberg-Verlag, geschrieben.

Die nun folgende Geschichte „Der Pferdehandel" und der Sketch „Freude im Advent" sind meiner Fantasie entsprungen, — aber so könnte es gewesen sein! Hierin habe ich unsere Alltagssprache, das sogenannte Missingsch benutzt. Wenn es einige Literaten auch nicht wahrhaben wollen —, aber so haben wir im nördlichen Ostpreußen auf dem Lande nun mal gesprochen! Und in Lautsprache zu schreiben, jedoch nicht in der ostpreußischen, hat sich einer unserer größten deutschen Schriftsteller nicht gescheut: Arno Schmidt.

Der Pferdehandel

In Lasdehnen, einem ostpreußischen Kirchdorf, nahe der litauischen Grenze gelegen, ist Markttag.

Wir schreiben das Jahr 1936, also ein Jahr, in dem die Welt noch fast in Ordnung ist — zumindest hier in Lasdehnen in einem der abgelegendsten Winkel Deutschlands, d. h. „abgelegen" ist wohl übertrieben, die Lasdehner würden hier lauthals protestieren: Immerhin fährt von hier jeden Morgen um sechs die Kleinbahn, unser „rasender Litauer", über Alxnupönen, Lasdinehlen, Augustutschen, Grumbkowkaiten, Uschpiaunen, nach Pillkallen und kommt abends ziemlich pünktlich zurück. Und nicht zu vergessen der Bus, der morgens von Lasdehnen über die Chaussee zum 45 km entfernten Tilsit fährt und an den deutlich gekennzeichneten vielen Haltestellen fein herausgeputzte Bauern, drugglige Bauersfrauen und natürlich all die Marjellchens und Lorbaße mitnimmt, die die „Hohe Schule" in Tilsit besuchen.

Nun, wie gesagt, es ist Markttag, an einem nicht besonders warmen Maimorgen, das Sonnchen hat anscheinend Schwierigkeiten, so richtig in Schwung zu kommen. Wenn man bedenkt, daß Lasdehnen genau neben dem fünfundfünfzigsten Breitengrad liegt, ist das auch nicht weiter verwunderlich.

Etwas abseits von den Marktständen mit prallen Würsten, goldgelber Butter auf Rhabarberblättern, Eiern, geschlachteten Hühnerchen, dem „Schmeißweg" mit dem Bauchladen, ist reger Betrieb beim Viehmarkt, wo samtäugige Kühe geduldig dastehn, verwundert blickende Kälberchen, quietschende Ferkelchen und blankgeputzte Pferdchen, alle mit ihren dazugehörenden Besitzern, die schon fleißig mit Interessenten am Handeln sind.

An einem Pferd, das etwas spacheistrig aussieht, stehen zwei Männer und debattieren lebhaft: Der Pferdehändler Dedeleit und der Bauer Pillokat Dedeleit ist etwa 55 Jahre, groß und stattlich, sein Gesicht ziert ein „Kaiser-Wilhelm-Schnurrbart, an dem er gern mit dem Daumen und Zeigefinger zwirbelt, wenn er in Verlegenheit ist. Seine großen Füße stecken in blankgeputzten Schaftstiefeln, er hat eine grüne Lodenjoppe an und trägt einen Hut. Pillokat ist klein und schmächtig und sieht viel älter als Dedeleit aus. Aus seinem, vom Wind und Wetter gegerbten, faltigen Gesicht schauen zwei kleine, listig blickende

Augen, die sein Hut, den er tief in die Stirn gezogen hat, beinahe verdecken. Er wird in der Umgegend nur „der alte Pillokat“ genannt.

Der alte Pillokat schaut dem Pferd, das Dedeleit am Zügel hält, in’s Maul:

„Was hast gesagt, willst für den Schinder haben, Dedeleit?“ Dedeleit fällt vor Schreck die Pfeife aus dem Mund, die er sich gerade angesteckt hatte.

„Schinder?? Schinder sagst du zu mein kiewiges Pferdche? Du — du — du Kumstkopp du, — du Schempel du — geh nach Haus, in deine Kaburr, brauchst sowieso bloß eine Kosz zum Pflügen für deinen Hundsacker!“ Aufgeregt zwirbelt er an seinem Schnurrbart und schüttelt den Kopf: „Nei, nei, aber auch all sowas, — Schinder sagt der zu meine Prachtstut!“

Pillokat will ihm während seiner Schimpfkanonade immer wieder in’s Wort fallen, kommt aber erst jetzt dazu, etwas zu sagen:

„Prachtstut!! Haha — Prachtstut! Ich könnt’ mich damlich lachen!!„

Dedeleit überschreit ihn:

„Brauchst garnich! Bist all damlich genug!“

„Eine alte Kobbel is das“, stichelt Pillokat, „jawoll, e alte Kobbel! Hast ihr wohl noch nie inne Freß gekuckt, die hat doch all lauter dreieckige Backzähne! Da — da kuck“, und er reißt dem Pferd nochmals das Maul auf.

Wütend sagt Dedeleit:

„Dreieckige Zähne?? Wo soll se die haben? Setz dir man ein Pengsnee auf deinen Tuntel auf, damit nich so eckig kuckst!“ „Was ich seh das seh ich — auch ohne Pengsnee“, sagt Pillokat. Er geht dabei um das Pferd, mustert es gründlich und hebt auch die Hufe an:

„Hm, — na ja, für e Milchpferdche tät es ja noch langen. Also was is — was willst dafür haben, Dedeleit?“

Dedeleit kratzt sich am Kopf, nachdem er den Hut etwas nach hinten geschoben hat:

„Na ja, hm, also weil du es bist, wir beide haben ja schon so manches Geschäftchen zusammen gemacht, — sagen wir — siebenhundert Mark, is rein geschenkt!“

Pillokat ist entsetzt:

„Siebenhundert Mark?? Hab ich mich verhört?! Bist wohl

mit dem Dammelsack geschlagen, was? Vierhundert Mark und kein' Pfennig mehr!"

„Na, nu mal langsam, Freundchen, ja — dir haben se wohl in's Gehirn geschissen und vergessen umzurühren", giftet Dedeleit. „Aber wenn du son armer Schlucker bist, — sagen wir sechhundertfünfzig — is mein letztes Wort!"

„Na, nu wollen wir doch mal deutsch reden", sagt Pillokat. „Also ganz im Ernst, ich geb dir fünfhundert, und ich lade dich noch zum Schnapschen ein."

„Zum Schnaps kannst mich ja einladen“, meint Dedeleit, „aber kommen wir zusammen — gib mir sechshundert Mark! Morgen früh kannst denn all mit der Kobbel die Milch an die Chaussee fahren.“

Pillokat wiegt den Kopf hin und her und sagt widerstrebend: „Meine Alte jagt mich zum Schinder wenn ich so viel Geld für e Milchpferdche ausgegeben hab. Na, dem Deiker auch, — also gut, ich geb dir fünfhundertfünfzig, und du ladest mich zum Schnapschen ein!“

Lachend sagt Dedeleit:

„Na, meinswegen, — also is abgemacht, hier die Hand drauf.“ Mit dreimaligem Handschlag wird der Handel besiegelt.

„So, nu komm Pillokat, gehn wir zu Bartels ein Grogchen trinken, ich bin e bischen durchgehubbert.“

„Nei, da geh ich nich rein“, erwidert Pillokat.

Verwundert fragt Dedeleit:

„Aber warum denn nich? Was hast?“

„Ich sag dir, nei, da geh ich nich rein!“

„Bist e Happche damlich, was? Warum nich??“

Pillokat knurrt: „Ich kann doch den Bartels nich leiden.“

Dedeleit wird ungeduldig:

„Nicht leiden?? Warum denn nich? Der is doch ganz nett!“

Eigensinnig sagt Pillokat:

„Ich kann ihm trotzdem nich leiden!“

Dedeleit sagt ärgerlich:

„Nu sag mir doch bloß, warum denn nich, zum Schinder noch eins!“

Pillokat schaut sich um ob es auch niemand hört:

„Na, ich bin ihm doch noch vom letzten mal acht Mark schuldig.“

Dedeleit lacht schallend:

„Haha — na du bist mir vielleicht Einer! Na, denn gehn wir eben zum nächsten Krug. — Aber weißt, ich geh noch schnell zum Fleischer ’rein und hol uns Wurscht zum Verbeißen, ich hab Hunger. Hast nich auch Hunger?“

„Eigentlich ja, kannst mir ja ein Stückchen Rabaukenwurscht mitbringen. Wirst dem Fleischer ja nich gerade eine von deine Kobbels verkauft haben. Könnt sein, daß ich womöglich e Hufnagel drin find", lacht Pillokat verschmitzt.

Dedeleit nimmt es ihm auch gar nicht übel:

„Nei, nei, die brauch ich nich für'n Fleischer zu geben, ich find ja immer genug Dammelsköpp, die mir die abkaufen." Beide müssen nun lachen.

„Sag mal, Dedeleit, woher hast du immer die Pferde her? Du bringst so oft welche zum Markt?" fragt Pillokat.

Inzwischen sind sie beim Fleischerladen angelangt, und Dedeleit klopft ihm kurz auf die Schulter. „Das erzähl ich dir, wenn wir nachher beim Grog sind." Er tritt in den kleinen Laden, wo die Verkäuferin gerade eine Kundin abgefertigt hat und sagt aufgeräumt: „Guten Tag, Fräuleinchen!" „Tag, Herr Dedeleit — na, auch mal wieder hier? Wie geht's denn so?" „Na dankschön, dankschön — öck foahr leewer."

Die Verkäuferin lacht: „Aber Herr Dedeleit, Sie haben auch all immer e Witzche auf Lager."

Dedeleit schaut sich die Wurstsorten an: „Geben Sie mir mal e halbes Pfundchen Rabaukenwurscht und e halbes Pfund Jagdwurscht, Fräuleinchen." Die Verkäuferin wundert sich: „Nanu, haben Sie son großen Hunger, Herr Dedeleit?" „Nei, nei, die Rabaukenwurscht is für den alten Pillokat, der Spacheister schorrt mir sonst womöglich vom Stuhl wenn er e Schapsche getrunken hat."

Die Verkäuferin wiegt die Wurst ab. „So ein bischen is drüber, is magerietsch. — Das macht denn eine Mark und zwei Dittchen."

Dedeleit zieht seinen Geldbeutel, bezahlt und geht: „Na, denn adje — bis zum nächstenmal, Fräuleinchen."

In Szallies Krug ist, wie immer am Markttag, viel Betrieb. In der Ecke am Fenster sitzen zwei junge Burschen, Adolf und Emil, beim Bier und unterhalten sich.

„Kuck mal", sagt Adolf, der aus dem Fenster geschaut hat, „da kommt der alte Pillokat mit dem Dedeleit. Der alte Kopscheller hat ihm doch bestimmt e Kobbel angedreht, und jetzt werden sie das Geschäft begießen."

„Na, bestimmt", meint Emil. Er überlegt kurz und lacht in sich hinein: „Weißt was, Menschke — dem machen wir e Schabernack!" Beide hecken ihren Plan tuschelnd aus.

Inzwischen sind Dedeleit und Pillokat eingetreten, hängen ihre Hüte an den Garderobenständer und setzen sich an einen Tisch unweit der Theke.

„So“, sagt Dedeleit zu Fritz, dem Schwiegersohn von Szallies, „komm mal vor von hinter de Tonbank und bring uns e schönen Grog.“ „Aber nich so viel Wasser drin“, ruft Pillokat, „du Lachudder du!“

Fritz kontert gleich: „Hast wohl Angst, daß den Schlunk nich voll kriegst? Kannst auch das ganze Glas voll Rum kriegen, ich mach in dir auch noch extra heiß — das heißt, wenn du so viel Rum bezahlen kannst!“

Pillokat entrüstet sich: „Nich bezahlen? Na hör mal —“ Dedeleit fällt ihm in's Wort „Kostet was kost' — wenn nuscht kostet, bezahl ich!“

Fritz blickt ganz verdutzt, aber als beide schallend lachen, stimmt er in ihr Lachen ein.

„Na los, Dedeleit, nu erzähl mir mal woher du deine Pferde hast“, fragt Pillokat und streckt den Kopf gespannt vor. „Ja, gleich doch! Fritz, bring uns noch ein Knust Brot mit und zwei Teller!“

„Mach ich“, ruft Fritz zurück. Kurz darauf bringt er den Grog und stellt ihn auf den Tisch.

„So, denn man prost, Dedeleit, wollen wir die Kobbel mal begießen. Sag mal — wie heißt die überhaupt“, will Pillokat wissen.

„Ii — das weiß ich doch nich! Liese oder Lotte — was weiß ich — kannst ja auch Lieselotte zu ihr sagen, ha-ha. Hätt' ich viel zu tun, wenn ich mir jedemal die Namen merken müßt'. Ich frag' erst garnich.“

Fritz bringt nun auch das Brot und die Teller, schaut ob die Teller auch sauber sind, wischt kurz mit dem Ellbogen drüber.

„War wohl der Waschkodder nich sauber, was?“ stichelt Dedeleit. Beide holen nun ihr Taschenmesser aus der Hosentasche und fangen an zu essen.

Inzwischen ist Adolf, einer der jungen Burschen, in die Ecke gegangen, wo der eiserne Ofen steht. Er macht die Klappe auf, fährt kurz mit den Fingern an die rußgeschwärzte Klappe lang und geht zum Garderobenständer, wo die Hüte hängen. Emil hat derweil die Zeche bezahlt und geht auch zum Garderobenständer. Er gibt Adolf einen Hut — es ist Pillokats, der fährt mit den schwarzen Fingern an den Innenrand des Hutes entlang und sagt laut: „Nei, das ist nich meiner“, und hängt ihn an den Haken zurück. Er nimmt nun seinen Hut und beide verlassen den Krug.

Pillokat, der sich gerade mit dem Messer ein Stück Wurst aufgespießt hat und zum Mund führt, hält ein und stützt den Ellbogen auf den Tisch. „Dedeleit, nu sag' mir doch endlich wo du die Gäule immer her hast." Er beugt sich vor: „Hast die womöglich geklaut??"

„Bist verrückt, Mensch? Traust mir sowas zu?" entrüstet sich Dedeleit. „Nei — die kauf ich man billig ein. Drüben in Litauen. Ich hab' da ein ganz pfiffiges Jungchen an der Hand, der kauft die Pferde bei die Kassäters ein und hilft mir auch, se über die Scheschuppe zu bringen."

„Im Dunkeln, was? fragt Pillokat gespannt.

„Ja, kann schon sein", lächelt Dedeleit verschmitzt.

„Dem Deiker auch — denn schmuggelst ja!" stellt Pillokat empört fest.

„Aber i wo — das is doch kein Schmuggeln! Ich kauf se bloß billig ein. Kuck mal, die armen Schlucker in Litauen sind doch froh, wenn se ihre Wallachs los werden. Ich bin noch e reiner Menschenfreund, Nächstenliebe is das! Jawoll Nächstenliebe! Wer soll was dagegen haben?"

„Na, v'leicht der Zoll?" meint Pillokat.

Dedeleit zwirbelt an seinem Schnurrbart und meint zögernd: „Der Zoll?? — Ich hab' noch nie welchen gesehn wenn ich über die Scheschupp' gekommen bin. Sollen se doch kommen und mir was sagen. Soll ich mich v'leicht hinsetzen und warten bis Pflaumenpfingsten bis einer kommt?"

„Na das nu gerade nich, — du müßtest bloß bei Sodargen über die Grenze gehn, da is ein richtiger Übergang, mit Zoll und so."

„Ja, das Bezahlen wär' ja nich so schlimm, deswegen wär immer noch ein Geschäftchen drin, — aber da müßt' ich ja son großen Umweg machen. Der Jüngste bin ich ja auch nich mehr, bin auch all e bische klabastrig geworden. Ich hab mir sowieso schon überlegt, ob ich nich noch ein' Mann für meine Wirtschaft einstellen soll. Wenn ich einen Sohn hätt', aber der liebe Gottche hat mich ja mit eine Marjell gesegnet. — Nuscht gegen meine Gretche! Du, das is v'leicht eine hübsche Marjell geworden! Und tüchtig is die! Sie schmeißt die ganze Wirtschaft, wo nu meine Anna — Gott hab' se selig — voriges Jahr gestorben is."

„Wie alt is denn deine Gretche jetzt? Ich kenn' se ja bloß als kleines Kindche. Sie hatte so hübsche lange Zöppchen und hat immer Mundharmonika gespielt."

Dedeleit sagt versonnen: „Ja, ja, Schnauzchehobel hat se früher immer gern gespielt, und denn hat se immer um ein Schifferklavier gepranzelt, bis ich ihr eins gekauft hab'. Ja, nu is sie sechsundzwanzig. wird sie mir wohl bald son Lorbaß wegholen, meine Gretche. Wenn sie mir nur einen vernünftigen Schwiegersohn bringen würde. Das Geschäft mit dem Viehhandel und meine achzig Morgen Land, das zwing' ich einfach bald nich mehr."

„Hast denn weiter keine Hilfe?"

„Aber ja, hab' ich, den langen Gustav. Der arbeitet ja für zwei, aber fressen tut der für drei. Na, und damlich is der wie vier zusammen. Ich muß ihm alles doppelt und dreifach sagen, was er machen soll. Neulich da hat der Damlack mich doch bald an den Schlaganfall gebracht, ich dacht, ich tachtel ihm eins übern Deez! Sag' ich zu ihm morgens: Du, Gustav, wir werden nu bald Kartoffel setzen, tust die eine Hälfte Kartoffel in'n Sack einfleihen, die andere Hälfte läßt zurück. Weißt was der gemacht hat? Der hat die ganzen Kartoffel durchgeschnitten, eine Hälft' innem Sack, die andere Hälfte inne Kellereck'. Ich dacht', ich werd' verrückt!" Pillokat, der gerade einen Schluck genommen hat, prustet los, verschluckt sich vor Lachen: „Das gibt ja nich, — das gibt ja nich, so viel Damlichkeit auf einmal is ja mehr als de Polizei erlaubt!"

„Ja, nu verstehst v'leicht wenn ich sag', ich brauch bald e Schwiegersohn. — Sag mal, is dein Leo eigentlich all verheiratet?"

„Nei, verheiratet is er noch nich. Der fijuchtelt noch viel rum, schmengert hier mal e bische — da mal e bische, aber e feste Braut hat er noch nich."

„Der war doch mal beim Jekstat Wirtschafter, is er da noch?" „Nei, da is er all lang' nich mehr", sagt Pillokat stolz, „ich hab' ihn auf die Landwirtschaftsschule nach Pillkallen geschickt. Mein Leo is ein ganz schlaues Jungchen! Wenn er fertig is, will er seh'n daß er auf einem Gut als Inspektor anfangen kann."

„So, so" sinniert Dedeleit. „Weißt, mir kommt da ein Gedanke, Fritz, bring' uns mal noch zwei Pillkaller, meine Kehl' is all ganz verspaakt. Ja, also wie gesagt, — ich denk' mir das so: Du hast e Jung', ich hab e Marjell, beide im heiratsfähigen Alter", er schaut Pillokat gespannt an, „was meinst?"

Pillokat wiegt den Kopf: „Das is kein schlechter Gedanke — hm, was bringt deine Gretchen mit?“

„Also die Gretche is meine Einzige, da laß ich mich nich lumpen. Na, und arm bin ich auch nich gerade!“ Er zwirbelt an seinem Schurrbart: „Ja — das kommt darauf an. — Wenn dein Leo auf meinen Hof kommt, würde ich ihm die Wirtschaft überschreiben lassen und auch noch e hübsches Summche Bargeld draufgeben — kann sein — v’leicht zehntausend? Ich würd’ mich denn bloß noch um den Viehhandel kümmern; aber wenn Not am Mann is, helf ich auch inne Wirtschaft. Wir würden schon zusammen auskommen, da is mir keine Angst nich.“

Pillokat hat sehr aufmerksam zugehört und meint nun: „Hm, — is garnich so damlich, was du sagst. Aber was is wenn die beiden nich wollen?? Weißt, das müssen wir beide ganz schlau anfangen, die dürfen nich merken, was wir bekalbert haben. Am besten, du besuchst mich am Sonntag mit deiner Gretchen, am Sonntag is Leo auch da“.

Zweifelnd meint Dedeleit: „Man so ohne Grund zu kommen is zu auffällig. Daß die Gretche nich mitkommt, darum is mir nich bang’, wir spannen uns Sonntags öfter mal e Pferdche an und schuckeln so durch de Gegend. Na, denn würd’ ich doch sagen, wir fahren denn mal e Stückche weiter und kucken bei dir vorbei.“

Pillokat nickt zustimmend. Sein Blick fällt auf den Garderobenständer und ihm kommt eine Idee. Er haut sich auf die Schenkel: „Menschke — ich weiß was! Das is die Idee!“ Er mustert Dedeleits Kopf: „Wir werden beide unser Hüte vertauschen und das werden wir dann erst zu Hause merken. Dann hast du ein’ Grund mich zu besuchen, wir müssen ja unsere Hüte zurücktauschen.“

Dedeleit ist begeistert von dem Vorschlag: „Prächtig! Prächtig! Ja, so machen wir das! — Darauf müssen wir noch e Meschkinnes trinken! Fritz, bring’ uns mal e Meschkinnes! Hast nich noch von deinem selbstgemachten?“

„Na ja, für euch beide tät es ja noch langen“, sagt Fritz, als er die Bärenfangflasche gegen das Licht gehalten hat. Er schenkt zwei Gläser voll und bringt sie den beiden zum Tisch. Diese riechen erst am Glas, und beinahe gleichzeitig sagen sie: „Na denn man prost auf unsere zukünftige Verwandtschaft!“ Genußvoll spülen sie den Meschkinnes erst im Mund herum, bevor sie ihn durch die Kehle rinnen lassen. „Ah — das war gut", schmunzelt Pillokat. „Nu is aber genug, meine Alte wird all weimern, so ich so lang' bleib'. Die denkt v'leicht, ich hab' mir son Dolbregen von Pferd gekauft, und das is mit mir durchgegangen, haha. Wenn die wüßt', daß ich man bloß e Milchpferdche hab'. Ich werd' se „Suse" nennen, kann nich verkehrt sein."

„Fritz, rechen alles zusammen, ich bezahl alles", sagt Dedeleit großzügig. Pillokat nickt beifällig und klopft ihm lachend auf die Schulter: „Is geritzt, hast ja genug an mir verdient."

Nachdem Dedeleit bezahlt hat, gehen beide zum Garderobenständer, um ihre Hüte zu holen. „Der auf de hintere Knagg' is meiner, glaub ich", sagt Dedeleit." Die sehn wirklich egal aus beide. So, denn nimm man den und gib mir deinen Hut." Er probiert Pillokats Hut. „Paßt wie angegossen. Also denn wie abgemacht, ich komm Sonntag zu dir nach Kiauschen. Sorg' dafür, daß der Leo da is."

„Kannst dich drauf verlassen, Dedeleit. So nu komm, gehn wir. Adje Fritz!"

Beide gehn zu Bartels Hof zurück, wo sie ihre Pferde abgestellt haben. Dedeleit geht zu seinem Einspänner, einem Kutschwagen, Pillokat zu seinem Kastenwagen, wie er für die Feldarbeit gebraucht wird. Im Geschirr steht sein „Hans", hinten hat er das neue Pferd angebunden. Er klopft ihm den Hals. „So nu komm, fahrn wir nach Hause, Suse. Mußt dich gut verstehn mit meinem Hans, mach mir keine Schand'."

Beide steigen in ihre Wagen, winken sich noch mal zu: „Also denn bis Sonntag!" und fahren, jeder in eine andere Richtung davon.

Als Dedeleit an seinem Hof ankommt, hält seine Tochter schon nach ihm Ausschau am Tor. Grete ist ein hübsches Mädel, mittelgroß, schlank, ihre goldblonden Haare hat sie im Nacken zu einem Knoten geschlungen. Der Wind weht ihr ein paar Haarstränen in's Gesicht. Sie ruft ihrem Vater entgegen: „Na endlich, Vater, ich hab' schon so auf dich gewartet, — der Kratenis is schon bald kalt, das heißt, das, was der Gustav dir noch übrig gelassen hat. Der hat wieder mal 'reingehauen wie ein Scheunendrescher. — Warst wieder so lang' bei Bartels, was?"

Dedeleit, der dabei ist sein Pferd auszuschirren, winkt ab. „Nei, diesmal nich bei Bartels, ich war mit dem Pillokat bei

Szallies, er hat e Pferd von mir gekauft. Besinnst dich noch auf den Pillokat?“

„Ja, ich besinn’ mich noch ganz gut auf ihn. Er hat mir mal, als ich noch klein war, ein’ Stundenlutscher mitgebracht. Der Leo, sein Sohn, wollte ihn mir immer wegnehmen, und ich bin weggerannt. Der Leo hinter mir her und schorrte doch mit einem Fuß in die Jauchegrube. Wir gingen dann zum Teich und wuschen die Schuhe und Strümpfe aus, damit der Vater nuscht merkt, aber hat trotzdem noch gestunken wie ein Ilske.“

Dedeleit bringt sein Pferd in den Stall, wo Gustav gerade dabei ist, Runkelrüben mit der Maschine zu zerkleinern. „Na Gustav, häst all wedder de Pip öm Muul? Du warscht ons noch moal dem ganze Hoff anpäsere wenn du nich oppaßt.“ „Arre öck paß doch ömmer opp, Herrke“, erwidert Gustav.

Gustav spricht nur platt, oft mit litauischen Sprach-Brocken vermischt, und es klingt mitunter recht rätselhaft was er redet. Ein Standartwort hat er: „Arre“, was wohl so viel wie „aber“ bedeuten soll. „Arre joa“, „arre öck häbb nich“ usw. Gustav ist von langer, dürrer Gestalt, geht „über den großen Onkel“, seine Hosenbeine und Ärmel sind immer etwas zu kurz, und unter seinen kleinen, stechenden Augen ragt eine große Hakennase aus seinem Gesicht. Zwischen seinen gelblichen Zahnstummeln hängt immer seine krumme Pfeife, die er auch im Mund behält wenn sie kalt ist.

Dedeleit geht mit seiner Tochter in’s Haus, er hängt seinen Hut im Flur an den Haken und setzt sich an den Küchentisch. „So, Gretchen, nu bring mir mal e Schlag Kratenis. Jetzt, wo mir der Geruch in de Nase steigt, merk’ ich erst was ich für’n Hunger hab’.“

Grete hat derweil einen Teller aus dem Küchenschrank genommen und packt eine große Portion auf den Teller. (Kratenis ist „Schedderstroh“, Sauerkohl und Kartoffel zusammen mit Rauchfleisch gekocht.)

„So Vater, nu stärk — ja Vater, wie siehst du denn aus?? Deine Stirn is ja ganz schwarz, wo warst du denn bloß mit deinem Kopf?“

Dedeleit geht zum Spiegel und guckt verdutzt. „Ja dem Deiker auch — was is denn das?“ Er fährt mit der Hand über den schwarzen Streifen der seine Stirn ziert, riecht daran. „Bin ich v’leicht mit der Hand an’s Wagenrad gekommen und hab’ mir denn über de Stirn gewischt?? Nei — Wagenschmier’ is das nich. Sieht aus wie Ruß.“ Er schüttelt verständnislos den Kopf, gießt sich heißes Wasser in die Waschschüssel und wäscht sich die Stirn ab.

„Nu is mir bald der Kratenis kalt geworden durch das damlige Waschen.“ Er probiert eine Gabel voll und sagt mit vollem Mund: „Hm, hast wieder fein gemacht, Gretche. Ich find’ der Sauerkumst is uns in diesem Jahr besonders gut gelungen. Man schade, daß er bald alle is.“

Grete hat sich zu ihm gesetzt und schaut ihm beim Essen zu. „Wart mal, ich hol dir noch e Flaschche Bier aus dem Keller, das wird schon gut sein, wo ich vorige Woche gemacht hab’. Wenn jetzt warm wird brauchen wir doch Bier für die Heuernte. Hast denn schon den Franz und die Milkereitsche gefragt ob se helfen kommen, Vater?“

„Ja, gestern traf ich die Milkereitsche und hab ihr Bescheid gesagt, zum Franz werd’ ich heute abend gehn.“

Grete holt das Bier aus dem Keller, gießt dem Vater das Glas voll, der trinkt es in einem Zug aus und wischt sich genußvoll über den Mund mit dem Taschentuch. „So, das war ein Essen wie es in de Welt paßt, Marjellche. Nu werd’ ich zum Gustav gehn und ihm beim Beschicken helfen.“ Er setzt im Flur wieder seinen Hut auf und geht zum Stall.

Grete räumt in der Küche das Geschirr fort, nimmt eine Blechschüssel und holt sich vom Boden Getreide für die Hühner. Die Hühner kommen sofort angelaufen, als sie Grete mit der Schüssel kommen sehen. „Putt, putt, putt, putt,“ ruft sie, und nun kommen auch die Hühner, die noch hinter dem Stall waren. Als nächstes nimmt Grete zwei Milcheimer, die auf einer Bank nahe dem Brunnen stehen und geht zum Weidegarten, der dicht am Hof liegt, in dem sieben wohlgenährte Kühe darauf warten, gemolken zu werden.

„Gustav, komm, öck goah all tom Melke“, ruft Grete.

„Ös good, öck koam gliek, arre öck mott noch de Schwien futtere“, ist Gustavs Stimme aus dem Stall zu hören.

Eine kleine Weile später holt auch Gustav sich zwei Eimer und hilft Grete beim Melken. Als beide fertig sind, tragen sie die vollen Eimer zur Bank am Brunnen zurück, schütten die Milch in große Milchkannen und stellen diese in den Wassertrog zum Auskühlen. Dedeleit pumpt frisches Wasser in den Trog und sagt dabei zu Grete: „Übrigens — ich hab’ festgestellt, daß ich mit Pillokat unsere Hüte verwechselt hab’ beim

Szallies. Da kuck, —“ und er nimmt den Hut ab und zeigt ihn Grete.

„Is ja auch kein Wunder, der Hut sieht beinah so aus wie deiner. — Vater — ich werd’ verrückt, — du bist ja schon wieder ganz schwarz an der Stirn. Machst du das zum Fleiß?“

Dedeleit schaut ungläubig. „Aber geh — das kann doch nich sein!“ Er wischt sich mit der Hand über die Stirn. „Tatsächlich — is wieder schwarz. Ja zum Schinder noch eins — das geht ja nich mit rechten Dingen zu — ts — ts — aber auch all sowas!“ Er wäscht sich an der Pumpe die Stirn sauber, trocknet mit dem Taschentuch ab.

„Ja, also was ich sagen wollte — da nimm den Hut erstmal und pack ihn weg — wenn schönes Wetter am Sonntag is, fahren wir mal zu Pillokats ’rum und tauschen die Hüte zurück. Kommst doch mit?“

Grete zögert kurz. „Hm, ja — warum nich, ich hab’ sowieso nuscht vor. Meinst doch am Nachmittag? Denn sind wir dort um die Kaffeezeit und sind zum Abend wieder zurück.“ „Ja, so hab’ ich mir das auch gedacht“, nickt Dedeleit.

* * *

Am Sonntag holt Gustav den schmucken Kutschwagen aus dem Schuppen. Dedeleit kommt, seinen Sonntagsanzug angezogen, aus dem Haus.

„Sull öck anspanne dem Fuchs oder de Lotte, oder beide“, ruft Gustav ihm entgegen.

„Nei, nömm de Biene un dem Fuchs, dä gäwe beide e feinet Gespann av.“ Und für sich murmelt er „ich muß doch bische Eindruck schinden, de Biene is ein echtes Trakehner Pferdche“.

Grete kommt aus dem Haus. Sie hat ein hübsches Sommerkleid an, ihr langes Haar trägt sie heute offen. In der einen Hand hält sie die Tüte mit dem Hut.

Die Pferde sind eingeschirrt, Gustav hat ihnen das gute Sonntagsgeschirr angelegt, das schwarze Leder glänzt, und am Halfter und an den Rückengurten funkeln blitzblanke Nieten. „So, Tochterche, steig auf. Hüh“, ruft Dedeleit als sie im Wagen sitzen, „nu trabt mal an wo der Weg gut is.“ Die Pferde ziehen an, und in leichtem Trab fahren sie vom Hof.

Unterwegs werden sie oft von Leuten gegrüßt, die meisten von ihnen sind im Sonntagsstaat. Den Vieh- und Pferdehändler Dedeleit kennen sie alle, und er ist auch recht beliebt in der Umgegend. Er zahlt gute, reelle Preise, übervorteilt niemand, — wenn er auch gern handelt; aber das gehört zum Geschäft.

Nach etwa einer Stunde ist schon Pillokats Gehöft in Sicht, Dedeleit zeigt mit dem Peitschenstock dorthin. „Siehst, da vorn is schon Pillokats Hof. Er hat man vierzig Morgen Land, aber er kommt, glaub' ich, ganz gut zurecht. Er hat mir erzählt, daß sein Leo auf die Landwirtschaftsschul' geht, der will Gutsinspektor werden." Gespannt schielt er seine Tochter von der Seite an.

„So, so", ist alles, was sie dazu sagt, und Dedeleit ist enttäuscht, daß sie nicht mehr Interesse zeigt.

Als sie auf Pillokats Hof einfahren, stiebt das Federvieh gackernd auseinander, der Hund bellt aufgeregt und zerrt an der Kette. Pillokat, der schon gewartet hat, kommt mit seiner Frau, die er in den Plan eingeweiht hat, aus dem Haus. „Nanu, Dedeleit, wo kommst du denn her", fragt er scheinheilig, „willst womöglich meine Suse wiederhaben?" Er lacht verschmitzt. Dedeleit steigt vom Wagen. „Tagchen erst mal. Guten Tag auch Frau Pillokat", reicht er beiden die Hand. „Komm Gretchen", ruft er seiner Tochter zu die gerade vom Wagen steigt. Stolz sagt er: „Das is nu meine Gretchen, is e bische gewachsen vom letzten mal, nich wahr?"

„Das kann man wohl sagen", erwidert Pillokat, „das is aber fein, daß Sie mitgekommen sind, Fräulein Grete, wir freuen uns." Dann geht ihr Frauen schon mal 'rein, wir versorgen noch de Pferde."

„Ja, Frau Pillokat", sagt Grete, „Ihr Mann und mein Vater haben doch am vorigen Sonnabend die Hüte vertauscht. Hat Ihr Mann das noch nicht bemerkt?"

„Nein, er hat nuscht gesagt." Frau Dedeleit besieht sich den Hut, den Grete aus der Tüte genommen hat genau. „Is denn das die Möglichkeit — das is wirklich seiner", sagt sie scheinheilig. „Na da wird mein Mann staunen." Sie hängt den Hut im Flur an den Garderobenhaken.

Beide Frauen gehen in's Zimmer. „So, Fräulein Grete, setzen Sie sich man auf's Sofa, ich werd' in die Küche gehn und uns e schönen Kaffee machen. Der Leo kann Ihnen ja so lang' Gesellschaft leisten. Wo steckt er bloß? Leo" ruft sie, „Leo, komm mal her, is Besuch da!"

Leo kommt aus dem Nebenzimmer, sich noch den letzten Knopf am Hemd zuknöpfend. Leo ist groß und schlank, ein kesser Lockenkopf fällt ihm widerspenstig in die Stirn, und hellblaue, wache Augen schauen Grete neugierig an.

„Ja, — kuck man", sagt seine Mutter, „kennst die Marjell wahrscheinlich nich mehr."

Grete lächelt. „Na Leo, besinnst du dich noch, wie du bei uns in die Jauchegrube gerutscht bist und wir deine Schuhe und Strümpfe im Teich gewaschen haben?"

„Nein — is denn das die Möglichkeit, — die Gretchen! Also ich hätt' dich bestimmt nicht erkannt. Hast dich ganz schön verändert von damals!"

„Meinst du nich? Heute würdest wohl nich mehr hinter meinem Stundenlutscher herlaufen, was", neckt ihn Grete.

„Hinterm Stundenlutscher nich, — aber sonst — v' leicht is da was anderes was sich lohnt!"

Grete wird etwas rot und sagt verlegen: „Na, nu mal langsam mit den jungen Pferden, ja?"

Sich laut unterhaltend kommen die beiden Väter von draußen herein. „Else", ruft Pillokat laut, und seine Frau steckt den Kopf aus der Küchentür, „der Dedeleit sagt mir gerade, daß wir beim Szallies die Hüte verwechselt haben." Er besieht sich die beiden Hüte am Haken, nimmt einen und setzt ihn auf. „Ja, das is meiner, daß ich das aber auch nich bemerkt habe?"

Er setzt den Hut wieder ab und die Männer gehen in's Zimmer. „Na, habt ihr euch all beide bischen befrunschelt", sagt Pillokat zu den jungen Leuten.

Grete schaut Pillokat an und will etwas sagen, — ihr bleibt der Mund erst mal offen stehn. „Ach Gottchen, — was ist denn nun los? Herr Pillokat, jetzt sind Sie ja ganz schwarz an der Stirn. Zu Hause der Papa und jetzt Sie!"

Alle schauen verdutzt auf Pillokat, der geht zum Spiegel und sagt erstaunt: „Ich hab' doch gar nuscht gemacht, wo ich hätte schwarz werden können, aber auch all sowas!"

Dedeleit geht wortlos in den Flur, nimmt Pillokats Hut, fährt mit dem Zeigefinger den inneren Hutrand entlang. „Da — da habt ihr den Übeltäter! Da hat uns doch bestimmt der Adolf und der Franz, die saßen dort inne Eck' und gingen vor uns ..."

„Ja, und die waren auch am Garderobenständer. Na wart mal, wenn ich das nächste mal die Plawuchten seh', die können was erleben, uns so anzuschmieren!" entrüstet sich Pillokat.

„Das stimmt sogar, die haben euch angeschmiert", lacht Leo, und alle stimmen in sein Lachen ein.

Frau Pillokat hat derweil das gute Geschirr aus dem Buffet

genommen und ist dabei, den Tisch zu decken. Grete hilft ihr. Frau Pillokat holt den Kaffee aus der Küche und einen großen Teller voll Streuselkuchen. „So, nu langt man tüchtig zu. Wenn vielleicht jemand lieber Pierak will, hab' ich auch da und Stachelbeermarmelade. Ich back immer gleich Pierak mit", sagt sie zu Grete gewandt, „dann haben wir die ganze Woche über was zum Kaffe."

„Ja, ich mach' das auch so, das ist denn immer ein Aufwaschen — wie man so sagt", nickt Grete.

Leo schaut während des Essens immer wieder zu Grete hin, offensichtlich gefällt sie ihm. Die Eltern sehen das und nicken sich verständnissinnig zu.

Als alle mit dem Kaffeetrinken fertig sind, fragt Pillokat: „Wie wär's denn mit ein' Schlubberche Meschkinnes, ich hab' noch für besondere Gelegenheiten was aufgehoben. Und das is ein seltener Besuch, da müssen wir doch darauf antibbern!" „Na, da sagen wir nich ‚nein', den können auch die Frauen mittrinken, so schönen Süßen", meint Dedeleit.

Pillokat holt die Flasche aus der Speisekammer, nimmt die Gläser aus dem Buffet und gießt den Bärenfang ein. „Na denn man prost, auf unseren Besuch!" hebt er sein Glas.

„Hm", wischt sich Dedeleit über den Schnurrbart, „das is ein feines Tropfche! Haben Sie ihn selbst gemacht, Frau Pillokat?" „Na selbstredend! Was ein richtiger Kenner von Meschkinnes is, der macht ihn selbst. Wir haben ja eigenen Honig von unseren Bienen, und die waren doll fleißig voriges Jahr."

Nachdem sie ihre Gläser geleert haben, sagt Leo zu Grete: „Kommst mal mit, ich zeig' dir was Schönes — du wirst staunen!" Beide stehn auf, und Leo geht mit Grete zum Schuppen. Grete droht Leo lachend mit dem Zeigefinger: „Hab' nicht womöglich Damlichkeiten im Kopf, du!"

„Aber was du auch all denkst, — nein, kuck mal was da steht!" Stolz zeigt Leo auf ein schmuckes Motorrad, die Chromteile sind blitzsauber geputzt.

„Is das deins?"

„Ja, das is meins. Das hab' ich mir gekauft, als ich noch beim Jeckstat Wirtschafter war." „Bist da nicht mehr?" „Nei, jetzt geh' ich zur Landwirtschaftsschule in Pillkallen, ich will Gutsinspektor werden. Schaff' ich auch", sagt Leo selbstbewußt. „Was is, wollen wir eine kleine Runde drehen mit dem Motorrad, bis in's Dorf und zurück?"

„Ich hab' noch nie auf son Deiwelsding gesessen, hoffentlich fall' ich nicht 'runter", zögert Grete. „Warum sollst 'runterfallen? Halt dich man gut an mir fest, dann passiert schon nuscht." Er schiebt die Maschine aus dem Schuppen. „So, nu huck dich 'rauf und nimm' den Rock ein bischen zusammen, damit er nicht in die Speichen kommt." Leo steigt auf und startet den Motor.

„Uii — das macht aber Radau!" schreit Grete. „Macht nuscht", ruft er zurück. „Jetzt leg' den Arm um mich und halt dich gut fest, es geht los."

Nach einer Weile kommen sie zurück. „Fein war das", strahlt Grete, „das ging ja, als wenn der Deiwel Dreck haspelt." „Von mir aus können wir das Sonntags öfter machen, wenn du nich was Besseres vorhast, Oder — is da v'leicht jemand mit dem du lieber zusammen wärst?" fragt er gespannt.

Grete lacht. „Also wenn du meinst ob ich vielleicht ein' Schmizser hab' — den hab' ich nicht. Hatte bis jetzt keine Zeit dafür."

„Aber könnt' sein, daß du jetzt vielleicht Zeit hast?"

„Mal seh'n, — so ab und an — wenn der Papa erlaubt —."

„Du, dann hol' ich dich nächsten Sonntag ab, ja? Mit meinem Motorrad bin ich schnell bei euch, und dann fahren wir wohin du willst. Überleg' dir man schon immer wo wir hinfahren wollen, ja?"

„Gut, — meinetwegen."

Beide gehen wieder in das Wohnzimmer zurück, wo sich die Alten angeregt unterhalten. Sie freuen sich, daß es mit ihrem Plan zu klappen scheint und daß die jungen Leute aneinander Gefallen gefunden haben.

Dedeleit steht auf: „War schön, mal mit euch zu plachandern. Kommt doch auch mal zu uns. Ihr müßt euch mal meinen Stall anseh'n, den ich im vergangenen Jahr gebaut hab', Sogar eine Wasserpump' hab' ich mir 'reinlegen lassen, das spart viel Arbeit. Sonntags sind wir ja meistens zu Hause, na und Kuchen backt die Gretchen auch immer am Wochenende."

„Vielleicht kommen wir früher als du denkst, Dedeleit. Was, Alte? — Auch ich hab' mich gefreut, daß ihr gekommen seid, wozu doch son vertauschter Hut alles gut is, was? — So, denn werden wir mal draußen die Pferde klar machen." Die beiden Männer gehen zu den Pferden, die zwar im Geschirr stehen, aber abgespannt an der Leine an einen Haken am Stall angebunden sind. Sie fressen noch an einem Rest grünen Klee. „So, dann werden wir mal wieder, meine beiden", klopft Dedeleit seiner Biene auf das Hinterteil. „Du hast aber paar hübsche Gäule, Dedeleit", sagt bewundernd Pillokat, die braune is doch eine Trakehner-Stute?" „Ja, die hab' ich aber nich aus Litauen", lacht Dedeleit. „Das kann ich mir denken", grinst Pillokat. Sie spannen die Pferde wieder vor den Wagen, vom Haus her kommen die Frauen und Leo.

Grete gibt Frau Pillokat die Hand: „Es war schön bei Ihnen, Frau Pillokat, — und wie Vater schon sagte, kommen Sie uns doch auch mal besuchen. Der Leo will mich ja nächsten Sonntag mit seinem Motorrad abholen. Auf Wiedersehen, Frau Pillokat, auf Wiedersehen Leo. Dann bis Sonntag, komm nich so spät, am besten gleich nach dem Mittagessen." „Ist gemacht, Gretchen, dann auf Wiedersehn!"

Auch Dedeleit verabschiedet sich, bedankt sich noch einmal, wendet den Wagen, und sie fahren vom Hof.

„Na, hat dir bei Pillokats gefallen, Marjellche?" „Ja", sagt Grete, „du, der Leo hat ein schönes Motorrad, ich bin mit ihm ein Stückchen gefahren, hat Spaß gemacht. Hast ja gehört, er will mich nächsten Sonntag abholen, hast doch nuscht dagegen?"

„Ii — wo werd' ich — wenn es dir Spaß macht —. Hast immer so viel Arbeit und so wenig Abwechslung, ich freu' mich, wenn du mal was unternimmst, Tochterchen."

* * *

Am nächsten Sonntag — es ist herrliches Wetter geworden — kommt Leo mit seinem Motorrad angebraust. Kurz vor dem Gehöft hupt er paarmal, Grete kommt aus dem Haus. „Na, da bist du ja. Ist fein, daß du nicht so spät kommst, so kann ich zum Beschicken wieder zu Hause sein. Tag erstmal, Leo." „Guten Tag, Grete." Leo stellt die Maschine ab und gibt ihr die Hand. „Hast dir ausgedacht wo wir hinfahren wollen?" „Ich würde gern nach Lasdehnen zum Rummel fahren. Der Vater sagte, die waren vorige Woche dabei, Karussels aufzubauen. Ich fahr' für mein Leben gern Karussel, du nicht auch?" Leo sagt enttäuscht: „Ja schon — aber lieber wär' ich mit dir an die Scheschuppe oder an die ‚Kacksche Balis' (Hochmoor) gefahren. Im Bruch ist jetzt so schön." „Ach, Grünes haben wir doch den ganzen Tag um uns! Kuck mal: Karussel fahren und hinterher ein schönes Eis beim Hilpert schmengern — wär' das nuscht?" „Meinetwegen", nickt Leo, „aber erst möchte ich noch euern Hof ansehen. Der ist ja bischen größer als unser, und alles so schön in Schuß."

„Ja, Vater ist ziemlich pingelig, bei ihm muß immer alles hübsch akkurat sein. Komm, wir gehn mal in den Stall, den wir im vorigen Jahr gebaut haben, da lebte Mama noch. Sieh mal hier", sagt Grete als sie drin sind, „Papa hat sich mehrere Pferdeboxen einbauen lassen, den Platz braucht er, wenn er mehrere Pferde zum Verkauf hat. Und hier ist die Pumpe, von der Papa Sonntag erzählt hat. Aber für dich wird das ja alles nichts Besonderes sein, auf der Landwirtschaftsschule lernst bestimmt ganz andere Sachen." „Na ja, is ja klar, ist vieles moderner heute, neu entwickelte Maschinen gibt es, und dann lernen wir auch viel über die Bodenbeschaffenheit und was man über den Anbau von Getreide und Hackfrüchten wissen muß. Aber das erzähl' ich dir andermal — heute is Sonntag."

„Ach, komm doch noch zum Roßgarten mit, da zeig' ich dir was Schönes."

Als sie über den Hof gehen, kommt der Vater aus dem Haus. „Na Vater, hast deine Mittagsstund' all ausgeschlafen", ruft Grete ihm entgegen, „der Leo ist schon da."

„Ja, ich seh' schon, Tag Leo. Willst die Gretchen abholen?"

„Ich soll mit ihr nach Lasdehnen zum Rummel fahren", sagt Leo, wenig begeistert. „Ich wollte dem Leo noch unser Hietscherchen zeigen", sagt Grete.

„Tu das. Ich kann ja mitkommen.

Gemeinsam gehen sie zum Weidegarten wo drei Pferde grasen und ein kleines Füllen munter umherspringt.

Dedeleit zeigt auf das Füllen: „Na — is das was??"

„Donnerwetter — is das ein hübsches Tierchen! Is der Hengst auch ein Trakehner gewesen", will Leo wissen.

„Aber natürlich — hat alles seine Richtigkeit." Und zur Tochter gewandt sagt er: „Wie is, willst nich erst Kaffee machen, Gretchen?" „Oach Vater, dann wird es ja so spät. Mach' doch für dich alleine Kaffee, ja? Der Gustav ist ja sowieso weg."

„Mach ich, mach ich, hat man ab, krengelt schön. Zum Beschicken kannst ruhig bischen später kommen.“

„Au fein“, freut sich Grete, „krichst auch ein Butschchen, Papa“, und sie gibt ihrem Vater einen Kuß. „Ich werde mir lange Hosen anziehn gehn, das ist bestimmt besser für’s Motorrad, und für’s Karussell auch.“

„Ja, das tu man“, nickt Leo.

Nachdem Grete sich umgezogen hat, steigen beide auf das Motorrad und fahren winkend davon.

„Bring’ mir meine Gretchen heil zurück“, ruft Dedeleit nach.

„Keine Angst, ich paß schon auf“, ruft Leo zurück.

In Lasdehnen ist der kleine Rummel auf dem Marktplatz aufgebaut. Trotz des frühen Nachmittags ist schon reger Betrieb: Junge Burschen in ihrem Sonntagsstaat zeigen ihre Treffsicherheit am Schießstand, versuchen ihr Glück an der Würfelbude, Kinder quieken vergnügt herab von ihren Karussell-Holzpferden, ein Feuer- und Messerschlucker zeigt seine Künste einem ehrfürchtig staunenden Publikum, das Glücksrad knarrt laut beim Drehen, Marjellchen juchen laut wenn sie, von ihren Begleitern angeschubst, in den Schaukeln des Kettenkarussells in hohem Bogen durch die Luft fliegen, und über dem ganzen Platz zieht sich ein süßlicher Duft von gebrannten Mandeln.

Leo bleibt mit Grete am Schießstand stehen. „Soll ich dir eine schöne Rose schießen, Gretchen?“

„Au ja — aber wirst auch treffen?“

„Was glaubst du! Ich hab’ schon des öfteren einen Preis beim Schießen geholt.“ Leo trifft zwei Rosen und überreicht sie Grete mit einer übertrieben-galanten Verbeugung.

„Komm, Leo, geh’n wir Kettenkarussell fahren. Krengelst mich schön ein?“

„Natürlich, wenn es dir Spaß macht! Komm, das Karussell hält gerade, wir können einsteigen.“

Sie steigen ein, legen die Sicherheitskette vor, und schon beginnt sich das Karussell zu drehen. Als es in voller Fahrt ist, faßt Leo Gretes Sitz, zieht ihn zu sich herüber, dreht Grete ein paarmal herum und gibt dann ihrem Sitz einen kräftigen Stoß. Grete fliegt in hohem Bogen davon und dreht sich wirbelnd in der Luft herum. „Huuuch — is das herrlich“, jubelt sie. „Wir fahren noch paarmal, ja?“

Nachdem sie genug haben vom Karussellfahren, hakt Grete Leo unternehmungslustig unter. „Jetzt geh'n wir zu Hilpert Eis essen, ja?"

„Hat der denn auf am Sonntag?"

„Bestimmt — wo doch der Rummel da ist!"

Schräg gegenüber vom Markt hat Hilpert seine Bäckerei, er stellt das Eis in seiner Eismaschine selbst her und es schmeckt immer köstlich. So steht auch jetzt eine Menschenschlange bis auf die Straße, vorwiegend Kinder. Leo stellt sich hinten an. „Was willst denn für'n Eis haben?"

„Hm", überlegte Grete. „Vanilleeis eß' ich am liebsten, am besten du nimmst gemischt, für zwanzig Pfennig kriegst noch Schokolade und Erdbeereis."

Als sie das Eis haben, schlendern sie, Eis schleckend, zum Rummel zurück. Sie schauen an der Würfelbude zu. Leo würfelt, hat aber kein Glück. Grete nimmt an der Losbude drei Lose und gewinnt einen kleinen Teddybär. „Na sowas, — ich hab' ein' Teddybär gewonnen! Als ich noch klein war hatte ich einen, den hab' ich „Pongo" genannt. Beim Einschlafen hab' ich ihn immer im Arm gehabt."

„Schade", sagt Leo.

„Was is schade?", fragt Grete.

Ich würd' auch gern ein Teddy sein — bei dir mein' ich." Grete sagt verlegen: „Ach, du Dammelskopp, — bist ganz schön dreibastig! — Und überhaupt, ich glaube, es wird Zeit, daß wir nach Hause fahren."

„Wieder schade, sag ich. Aber da kann man nuscht machen, mußt ja zum Beschicken zu Hause sein, was sein muß, daß muß sein."

„Das ist nu leider nicht anders, wenn kein anderer da ist, ja, wenn Mama noch leben würde, da könnt' ich so manches mal länger bleiben, aber das Vieh will ja gemolken werden." Währenddessen sind sie beim Motorrad, das am Straßenrand steht, angelangt, steigen auf und fahren nach Hause.

* * *

Dedeleit macht sich nach vierzehn Tagen eines Abends fertig, um wieder Pferde über die Grenze zu holen. Grete ist dabei, den Abendbrottisch abzuräumen. „Vater“, sagt sie eindringlich, „willst du nicht endlich damit aufhören, litauische Pferde zu holen? Ich hab’ jedesmal Angst um dich. Reicht doch, wenn du hier in der Umgegend mit Vieh handelst, wir kommen doch auch so aus.“

„Ach, mit Kühe handeln macht doch nich son Spaß. Ja — mit Pferde, das is e ganz andere Pip Tobak! Und überhaupt, ich hab’ doch schon den Jule Scheidies an de Grenze bestellt, der wartet doch auf mich. Laß man, gegen Morgen bin ich wieder zurück. Wenn du aufstehst, stehn paar neue Pferd’ inne Boxen. So, denn werd’ ich gehn, adjee, Tochterche, und schimpf nich“, er streicht ihr liebevoll über das Haar.

„Viel Glück, Vater“, seufzst Grete.

Dedeleit setzt sich in seinen kleinen Einspänner und fährt bis Wisborienen, das kurz vor der litauischen Grenze an der Scheschuppe liegt. Er stellt den Wagen an einem Gebüsch am Fluß ab, schirrt das Pferd aus, setzt sich auf’s Pferd und reitet über den Fluß, der hier eine flache Furt hat. Inzwischen ist es dunkel geworden. Auf der anderen Seite wartet schon Jule Scheidies auf ihn. „Na, da bist du ja, Dedeleit, labs Wakeris“ (lit. Guten Abend)

„Labs Wakeris, Jule. Na, is alles gut gegangen, hast de Pferda?“ Dedeleit steigt vom Pferd und nimmt es am Zügel.

Jule, der mit der deutschen Sprache etwas Schwierigkeiten hat, antwortet: „Jaa — warum soll ich nich? Hab’ ich gekauft paar scheene Kobbels: eine Fuchs, drei Jahre alt und eine Schimmel, vier Jahre. Haben beide viel Feuer unter Zagel. Hab ich noch zwei andre, sind älter, nich so gut, und eins is sich e Beißer.“

Im Gehen unterhalten sie sich weiter. „Was hast gegeben?“ will Dedeleit wissen.

„Hab’ ich gegeben —“ Jule murmelt Zahlen in litauisch vor sich hin, zählt an den Fingern ab, „hab’ ich gegeben nach Mark umgerechnet — tausenddreihundert. Is doch nich zu viel?“

„Aber auch nich gerade billig, hast schon billiger eingekauft. Hast wohl paar Markchen für die eigene Fupp draufgeschlagen, was? — Na laß man“, sagt Dedeleit, als Jule seine Mütze verlegen hin und her schiebt, „wenn die Gäule man gut sind.“
„Bestimmt, bestimmt, wirst all sehn, — sind Zuckerche! Jedenfalls die zwei Jungen. Wir sind gleich da, wirst sehn gleich.“

Sie kommen an ein kleines Waldstück, und man hört schon das Schnauben eines Pferdes.

„So, da sind wir. Kuck mal an das Schimmelchen, hat Popoche wie Kuckelchen Brot."

Dedeleit holt eine Taschenlampe aus der Hosentasche und leuchtet die Pferde an, erst den Schimmel. „Na, is das nuscht?" fragt Jule beifallheischend. Dedeleit geht prüfend um den Schimmel herum, besieht sich auch die Fuchsstute, schaut die Gebisse an. „Ja, hast gut gekauft, Jule." Die beiden anderen Pferde besieht er nur flüchtig. „Is in Ordnung, denn wollen wir mal das Geschäftliche erledigen." Er nimmt die Brieftasche heraus und zählt dreizehn Hundertmarkscheine ab. Einen Hunderter legt er noch dazu: „Hier is dein Lohn, Jule. —

Weißt, jetzt mußt mal e Weilche warten mit Pferde kaufen, ich muß erst die Heuernte einbringen, und dann muß ich mich auch mal in der Umgegend bei den Bauern sehen lassen und mich um den Viehhandel kümmern, und denn muß ich ja auch nach Pillkallen, um die neuen Pferde zu verkaufen. — So komm, steig auf, Jule, hilfst mir noch über de Scheschupp'. Nimm du die beiden alten Gäule, ich nehm den Schimmel und den Fuchs."

„Is gut, aber sei vorsichtig, ich glaub' die beiden spickt der Hafer, die sind ganz schön fislig."

„Na — na, ich bin schon mit ganz andere Pferde fertig geworden, da hab' man keine Angst nich."

„Ich sag' man ja auch bloß", brummt Jule.

Dedeleit steigt auf sein Pferd, nimmt rechts den Schimmel, links den Fuchs am Zügel. Jule setzt sich auf ein Pferd von den anderen zwei, den Beißer nimmt er am Zügel. So reiten sie der Scheschuppe zu, Jule hinter Dedeleit. Als sie den Fluß überquert haben und am anderen Ufer die Böschung hochsteigen, beißt der Beißer dem Schimmel in die Flanke. Der Schimmel macht einen gewaltigen Satz und reißt Dedeleit, der die Zügel nicht loslassen will, mit sich. Dieser wird, da er die Zügel um das Handgelenk geschlungen hat, mitgeschleift.

* * *

Kurz nach Sonnenaufgang ist Grete aufgestanden. Sie geht als erstes in den Stall um zu sehen, ob ihr Vater da ist. Jedoch ist nur Gustav da, der die Schweine füttert. „Morjen, Gustav, ist der Vater noch nicht da?“ fragt sie verwundert. „Arre nei, Freileinke. Öck wunder mi uck all de ganze Tid wo he so lang bläwt.“ „Achottchen, es wird ihm doch nuscht passiert sein? Erst gestern hab’ ich zu ihm gesagt, er soll doch aufhören, Pferde aus Litauen zu holen.“

Grete geht zum Hoftor und hält Ausschau nach ihrem Vater. Aus dem Wald kommt ein Wagen an dem mehrere Pferde angebunden sind. „Gott sei Dank, da ist er ja“, sagt Grete für sich, „aber — da sitzen ja zwei Männer auf dem Wagen, und das ist doch nicht Papa der kutischiert — da ist doch was nicht in Ordnung!“

Als der Wagen näher kommt, erschrickt Grete, als sie den Vater sieht. „Erbarmung, Papa, wie siehst du denn aus, was ist passiert?“ Dedeleits Jacke ist voller Schmutz, ein Ärmel ist zerrissen, Knöpfe fehlen. Er winkt aphatisch mit der Hand ab: „Hol den Gustav, Gretchen, er soll mir mit dem Jule vom Wagen helfen, ich glaub’, ich hab’ mir alle Knochen gebrochen.“

„Ach Papa, Papa, was machst du bloß für Sachen! Gustav“, ruft sie laut zum Stall hin, „Gustav komm, du motst moal helpe!“ Gustav kommt mit langen Schritten über den Hof. „Wat ös los?“

Jule Scheidies ist schon vom Wagen geklettert und geht auf die andere Seite des Wagens, wo Dedeleit sitzt. „Komm, hilf mir, Gustav, missen wir Bauer inne Stube tragen, er kann nich allein.“ Beide fassen sie Dedeleit unter die Arme und wollen anheben. „Auu — sönn ju verröckt! Nich am Oarm, dat deit weh wie Diewel!“ schreit Dedeleit.

Vorsichtig, so gut es geht, heben sie ihn vom Wagen. Als Dedeleit den linken Fuß auf die Erde setzt, schreit er auf: „Ich kann nich auftreten — das spickt wie damlich. Und die rechte Schulter brennt, als wenn tausend Heemskes drin ’rumfuhrwerken. Bringt mich in de Stub’ auf de Scheeselong, aber faßt mich ganz sachte an, ganz sachte!“

Jule faßt ihn um die Taille, mit dem linken Arm stützt Dedeleit sich auf Gustav. Grete hält die Tür auf, rückt die Kissen auf der Chaiselongue zurecht, und ganz vorsichtig lassen sie den Malträtierten darauf nieder.

Dedeleit stöhnt: „In der Brust tut das auch so weh, ich kann garnich richtig durchatmen. Ich glaub’, ihr werdet den Doktor holen müssen. Jule, du kannst nu nach Hause geh’n, hast e langen Weg vor dir, v’leicht hast Gelegenheit mitzufahren. Vorläufig können wir keine Geschäfte machen, — und wer weiß, ob überhaupt noch mal.“ Er seufzt, schreit aber gleich auf: „Dem Deiwel auch — tut das weh! — Also schönen Dank, Jule für deine Hilfe, das vergeß’ ich dir nich. Mach’s gut.“

„Na, denn wünsch' ich dir, daß du bald gesund wirst, adje denn." Grete, die derweil dem Vater die Schuhe ausgezogen hat und ihn mit einer Decke zugedeckt, will nun endlich erfahren, was geschehen ist. „Vater, nu sag' mir doch endlich: Was ist passiert, bist vom Pferd gefallen?"

„Ha — vom Pferd gefallen! Der Jule hat ein' Beißer gekauft, und der hat den Schimmel, den ich am Zügel hatte, in de Flanke gebissen. Da hat der Schimmel ein' Satz gemacht, ich krieg ein' Rucks und werd' von mein' Pferd gerissen. Nu hatt' ich mich in de Zügel verheddert, wurd' mitgeschleift und krigd auch noch e Rabbacks in de Rippen, wahrscheinlich von ein' Hinterhuf."

„Mein armes Papachen", tätschelt Grete ihm die Wangen.

Mit kläglicher Stimme sagt Dedeleit: „Schreibst gleich ein' Zettel für den Doktor, der Gustav kann gleich hinfahren zu ihm, v'leicht kommt der Doktor gleich mit. Wenn ich man nuscht gebrochen hab' — mir is ja so koddrig!"

„Das würde uns noch fehlen, jetzt, wo die Heuernte beginnt. Aber vielleicht is dir das eine Warnung, Vater —" „Das mußte ja kommen, — darauf hab' ich all gewartet!", giftet Dedeleit.

Grete holt sich Schreibzeug, schreibt ein paar Zeilen an den Doktor und informiert Gustav, was er tun soll.

Als sie wieder in das Zimmer kommt, will ihr Vater Frühstück haben. „Du mußt dich noch gedulden, Vater, ich muß erst schnell melken gehn. Die Kühe bölken ja schon, ist doch über ihre Zeit. Der Gustav kann mir nu auch nicht helfen, der muß ja zum Arzt fahren. — Nu gluup nicht so, drussel ein bischen, hast ja die ganze Nacht kein Auge zugemacht."

Dedeleit eigensinnig: „Nei, ich will nich schlafen, gib mir lieber de Pfeif und den Tabaksbeutel aus de Jackentasch'." „Nu auch noch rauchen auf nüchternem Magen und Schmerzen hast doch auch auf der Brust. Ach Vater, du wirst aber auch nie schlau!" Grete holt das Gewünschte. „Da — hier hast."

Dedeleit will mit dem rechten Arm zufassen, schreit aber auf: „Zum Schinder — ich kann garnich zugrapschen!"

„Soll ich dir die Pfeif' v'leicht auch noch anstecken", sagt Grete schnippisch.

„Geh du man melken, ich werd' schon zurecht kommen."

Mühselig nur schafft er es, sich die Pfeife anzustecken und raucht sie mißmutig.

Als Grete vom Melken zurückkommt, schaut sie kurz zum Vater 'rein: „Soll ich dir ein' schönen Bohnenkaffee machen, Papa? Der wird dir bestimmt gut tun."

„Ja, das mach man, e Schlubberche Kaffee wär' jetzt genau das Richtige."

Grete geht in die Küche, holt ein Glas Leberwurst aus dem Keller, bestreicht damit das Brot und bringt es, zusammen mit dem Kaffee, dem Vater. „So, Vater nu stärk dich man auf den Schreck. Ich hab' dir extra ein Glas Leberwurscht aufgemacht."

„Das is fein, Tochterche. Aber kuck doch erst mal nach meinem Fuß, der Krät tut so aasig weh."

Grete schlägt die Decke zurück und zieht ihm den Strumpf aus. „O je — der Knöchel is ja ganz geschwollen, und bischen blau is er auch. V'leicht sollt' ich dir einen kalten Umschlag machen?"

„Ich weiß nich, is womöglich verkehrt. Warten wir lieber bis der Doktor kommt. Kann ja nich mehr lang' dauern…"

Dedeleit frühstückt. Grete geht an ihre Arbeit.

Nach einer guten Stunde kommt Gustav mit dem Doktor. Grete kommt aus der Tür, als sie den Wagen kommen hört. Sie begrüßt den Arzt, der vom Wagen gestiegen ist. „Guten Tag, Fräulein Grete. Was macht Ihr Vater denn für Geschichten? Wo liegt er?" „Er liegt im Wohnzimmer, kommen Sie bitte mit." Sie gehen beide in's Haus. Der Arzt begrüßt Dedeleit. „Guten Tag, Herr Dedeleit, Sie sind vom Pferd gefallen, schreibt mir Ihre Tochter?"

„Tja, — das ging alles so schnell — mit eins da lag ich unten, ich war ganz beschwiemelt", sagt Dedeleit verlegen. „Na, dann wollen wir mal sehen, ob Ihre Knochen noch alle heil sind. Ziehen Sie sich mal das Hemd aus." Grete hilft ihm, das Hemd auszuziehen. Der Doktor tastet erst den Arm ab, bewegt ihn etwas, da schreit Dedeleit auch schon auf.

„Das sieht mir ganz so aus, als wäre der Arm ausgekugelt, aber das kriegen wir wieder hin. Wo tut es denn noch weh?", fragt der Arzt. „Hier an der rechten Brustseite, und die Luft is auch bischen knapp." Der Arzt tastet die Rippen ab, Dedeleit stöhnt: „Da — genau da an der Stelle tut es weh." „Also gebrochen ist nichts, das sieht nach einer Rippenprellung aus. Ich mache Ihnen einen festen Brustwickel, dann lassen die Schmerzen nach, und Sie können besser atmen." Der Doktor holt eine feste Binde aus seiner Tasche und wickelt sie straff um den

Brustkorb. „Na, ist schon etwas besser?“ Dedeleit holt tief Luft: „Tatsächlich, es tut nich mehr so weh.“

„So, nu werde ich mir noch Ihren Fuß anschauen.“ Der Doktor bewegt Dedeleits Fuß, tastet ihn ab. „Nun stehn Sie mal auf, Herr Dedeleit.“ Dedeleit richtet sich auf und setzt einen Fuß vorsichtig auf die Erde, zieht den kranken nach und stellt sich hin. „Das spickt wie damlich da drin, aber es geht besser als ich dachte.“

„Dann machen Sie mal schön kalte Umschläge mit Essigsaurer Tonerde und schonen den Fuß. Sie können froh sein, daß nichts gebrochen ist, es ist nur eine Verstauchung und eine kleine Sehnenzerrung. — Nun zum Arm. Jetzt müssen Sie die Zähne zusammenbeißen, ich muß Sie ein bischen piesacken. Fräulein Grete, bringen Sie Ihrem Vater mal einen ordentlichen Schluck Schnaps, den braucht er jetzt.“

Grete holt die Flasche und will ein Schnapsglas vollgießen, aber der Doktor sagt: „Nehmen Sie ein größeres Glas, kann ruhig ein Bierglas sein, das gießen Sie halb voll.“ Er reicht das gefüllte Glas dem Patienten. „Denn man prost, Herr Dedeleit, trinken Sie schön alles hintereinander aus.“ Dedeleit trinkt aus und verzieht das Gesicht: „Komisch, wenn man trinken muß, schmeckt der Schnaps garnich. Was haben Sie denn mit mir vor, Herr Doktor?“ „Das werden Sie gleich merken, denn wollen wir mal ran an die Bouletten — wie der Berliner sagt.“ Der Dokter faßt Dedeleits rechten Arm, drückt mit der anderen Hand gegen die Schulter, zieht kurz am Arm und drückt ihn wieder zurück. Der Kranke schreit kurz auf, aber schon ist alles vorbei.

„Na sehen Sie, schon ist alles überstanden. Ein bischen wird es noch weh tun, aber bald ist alles vergessen, dann können Sie wieder reiten wie ein junger Gott. “ „Das wird der Vater schön bleiben lassen“, protestiert Grete, „nich wahr Vater?“ „Nei — nei, vorläufig kann mir jeder Gaul gestohlen bleiben“, winkt Dedeleit ab.

Der Arzt nimmt seine Tasche. „Nun muß ich mich aber beeilen, meine Patienten werden schon in der Sprechstunde warten. Der Gustav bringt mich doch wieder zurück ?“, fragt er.

„Selbstverständlich, Herr Doktor, aber ich dachte, ich könnt’ Ihnen noch Klein-Mittag machen.“

„Heute geht es wirklich nicht, Fräulein Grete, ein andermal gern. Auf Wiedersehen Herr Dedeleit, und gute Besserung.“

„Vergessen Sie nicht die Rechnung zu schicken, Herr Doktor — un vielen Dank auch“, sagt Dedeleit.

Grete begleitet den Doktor hinaus. „Auch von mir herzlichen Dank, was meinen Sie, wird der Vater nächste Woche schon was machen können, die Heuernte beginnt doch.“

„Also Heu staken bestimmt noch nicht, aber ein bischen ’rumpusseln kann er dann schon.“ Eine Rippenprellung schmerzt ganz schön lange, aber ist nicht gefährlich. Also dann auf Wiedersehen, Fräulein Grete.“

„Auf Wiedersehen, Herr Doktor.“

* * *

Am Samstag-Nachmittag kommt Leo mit seinem Motorrad angebraust, er hupt, der Hund bellt wie wild, aber kein Mensch läßt sich auf dem Hof sehen. Leo geht in den Flur, klopft an die Küchentür. Aus dem Wohnzimmer ertönt Dedeleits Stimme: „Hier bin ich, hier inne Stub’!“

Leo macht verwundert die Tür zum Wohnzimmer auf. „Nanu — Herr Dedeleit, was machen Sie denn bei dem schönen Wetter auf der Scheeselong? Sind Sie krank?“

„Krank — krank“, knurrt Dedeleit, „vom Gaul geflogen bin ich! Ich hatte mir den Arm ausgekugelt, den hat der Dokter aber schon repariert, aber die Rippen tun mir noch weh, und den Fuß muß ich noch schonen, der is verrenkt.“

„Ja aber auch all sowas — das tut mir aber leid“, schüttelt Leo den Kopf, „dann sind die anderen wohl alle auf dem Feld?“ „Ja, die sind beim Heu einfahren, am Feld hinterm Berg sind die, kannst ja hinfahren.“

„Mach’ ich. Ich wollte die Gretchen fragen, ob sie morgen zum Tanz nach Alxnupönen mitkommt, ist doch Johannisfest. Sie darf doch?“

„Ach ja, — is ja Johanni. Von mir aus kann se mitfahren, se hat ja so wenig Abwechslung. Ich wollt’ eigentlich auch ein’ Teerpudel anstecken, aber mit meinem Arm werd’ ich das nich zwingen.“

„Da helf’ ich Ihnen bevor wir fahren, Herr Dedeleit, das macht mir auch Spaß. Also dann bis nachher, ich fahr dann.“

Als Leo aus dem Haus tritt, fährt gerade der vollbeladene Heuwagen durch das Hoftor. Grete sitzt oben und winkt ihm vergnügt zu. „Das ist aber eine Überraschung, Leo! Kommst gerade richtig, is die letzte Fuhre für heute.“ Sie rutscht vom Heuwagen herunter. Leo hat sein Hemd und die lange Hose ausgezogen, er steht in Turnhosen da. „Nanu, willst du uns helfen das Heu abladen, Leo“, fragt Grete.

„Warum denn nicht, bischen arbeiten schad’ nuscht. Geh du mit Frau Milkereit auf den Heuboden und nimm das Heu ab, Gustav und ich staken euch das Heu ’rauf. Wir werden euch schon richtig einschwunken. Was, Gustav?“

„Arre joa — dat war wi“, lacht Gustav und er nimmt doch tatsächlich seine Pfeife aus dem Mund und steckt sie in die Hosentasche.

Als sie den Wagen abgeladen haben, kommen die Frauen über eine Leiter herunter vom Heuboden und Grete sagt zu Leo: „Ich werd’ mich jetzt waschen gehen, und dann muß ich wieder an’s Beschicken denken. Tut mir leid, daß ich keine Zeit für dich hab’, Leo. Warst du denn vorhin beim Vater drin? Das ist v’leicht ein Malheur mit ihm, gerade jetzt zur Heuernte“.

„Ja, ich dacht’, ich seh’ nich recht, als ich ihn auf der Scheeselong liegen sah. Das gefällt ihm bestimmt nich, daß er molschen muß, wo ihr auf dem Feld seid.“

Grete lacht: „Hast recht, das ist nuscht für ihn, er ist all ganz oppendopsch.“ „Ach ja — weswegen ich überhaupt gekommen bin: Kommst morgen mit nach Alxnupönen, ist doch Johannisfest und da ist Tanz. Dein Vater hat schon erlaubt.“

„Au fein“, strahlt Grete, „da freu’ ich mich, können wir beide mal richtig scherbeln.“

„Hoffentlich bin ich dir nicht zu padolksch, Gretchen?“

Grete gibt ihm einen kleinen Schubs mit dem Ellenbogen. „Du und padolksch — das glaubst doch selbst nicht! Aber hoffentlich tanz’ ich dir gut genug.“

Leo, der sich gerade an der Pumpe wäscht, bespritzt Grete mit Wasser: „Das glaub ich nu wieder nicht. Auf alle Fälle freu’ ich mich auf morgen!“

Grete verabschiedet sich von Leo, der zieht sein Hemd an und fährt mit seinem Motorrad davon.

Am anderen Tag, als Grete gerade dabei ist den Abendbrottisch abzuräumen, klopft es an der Tür, Leo kommt herein. „So, da bin ich wieder.“ Er gibt Grete und ihrem Vater die Hand. „Ich bin gleich fertig, Leo“, sagt Grete, „ich zieh’ mich nur schnell um.“ „Geht ihr beiden schon inzwischen den Teerpudel aufstellen.“ „Ist gut Gretchen“, sagt Leo, und zu Dedeleit gewandt: „Wie geht es Ihnen denn, ist schon besser geworden?“

„Das puckert noch ganz schön im Fuß, aber wird schon wieder. Der Arm is all besser, aber die Rippen tun noch ganz schön weh. Der Dokter sagte ja, daß es noch e Weilchen weh tun wird. Na warten wir ab, ich sag' immer: Alles kann der Mensch verlieren; Vater, Mutter, selbst die Bixen, aber nie de Ruhe nich." Beide lachen.

„So komm, Leo, gehn wir den Teerpudel aufstellen. Der Gustav sollte schon alles vorbereiten, hoffentlich hat der nich alles verkehrt gemacht mit seine unegalschen Finger", sagt Dedeleit beim Hinausgehen. „Da, am Schauer steht all die lange Stang' mit dem Eimer. Aha, der Gustrav hat den Teer all eingefüllt. Hier is noch a längere Stang', die werden wir beide zusammenbinden. Mein Teerpudel soll von allen am weitesten zu sehn sein."

„Wo werden wir ihn festmachen?" fragt Leo. „Ich bind' ihn immer am Zaunpfahl vom Roßgarten. Komm, tragen wir alles hin", sagte Dedeleit. „Lassen Sie man, Herr Dedeleit, das mach' ich allein., Wenn Sie v'leicht den Eimer nehmen würden."

Dedeleit nimmt noch einen Strick aus dem Schuppen, so tragen sie alles zum Weidegarten hin, der gleich hinter dem Stall beginnt. Sie binden beide Stangen zusammen, dann an einem Ende den mit Teer gefüllten Eimer. Am oberen Ende des Eimers sind Löcher hineingebohrt, damit das Feuer Luft erhält. „Leo, nimm mir mal de Streichhölzer aus de Fupp und steck den Teer gleich an, dann richten wir ihn auf. Aha, da kommt ja auch de Gretchen."

Leo hat den Teer angezündet, und zu Dritt stellen sie nun die lange Stange senkrecht und binden sie zweimal am Zaunpfahl fest. „Auweia — is der hoch", freut sich Grete, „den sehen wir noch ein ganzes Weilchen, wenn wir unterwegs sind, ich kuck mich bestimmt öfters u. So — Leo nu komm, fahren wir. „Gute Nach, Vater, wart' nicht auf mich, wird bestimmt spät werden."

„Gute Nacht ihr beiden — und amüsiert euch schön", lacht Dedeleit.

Auch Leo verabschiedet sich, er setzt sich mit Grete auf's Motorrad und fährt los.

Dedeleit schaut den Davonfahrenden nach und nickt zufrieden: „Wer Glück hat, dem kalbt auch der Ochs im Stall."

Auf der Festwiese vor dem Krug bei Abromeit ist schon Hochbetrieb. In der Mitte der Festwiese ist ein großer Reisig-

haufen aufgeschichtet, zwei junge Burschen sind dabei, ihn anzuzünden. Etwa dreißig Mieter davon entfernt ist eine Tanzfläche hergerichtet, die Kapelle der Freiwilligen Feuerwehr spielt einen flotten Marsch, mehrere Paare tanzen. Grete und Leo kommen dazu. Grete hat ein fesches Dirndlkleid an, über die Schulter hat sie ein Dreiecktuch mit langen Fransen geschlungen.

„Na, wollen wir auch gleich tanzen?“ fragt Leo und reicht ihr den Arm.

„Ja, gern. Tanzen wir erst mal“, sagt Grete. Während des Tanzens drückt Leo die Grete leicht an sich. „Du, ich hab’ mich so gefreut auf den Abend. Du nicht auch?“ „Doch — schon“, gibt Grete ein wenig verschämt zu.

Die Kapelle hört auf zu spielen und bringt einen Tusch: Das Johannifeuer lodert auf, hoch schlagen die Flammen in den dunkelen Nachthimmel. Eine Gruppe junger Leute hat sich um das Feuer zum Volkstanz aufgestellt, und zu den Klängen des Liedes „Beim Kronenwirt ist heute Jubel und Tanz“ drehen sich die Jungen und Mädchen im Takt. Die anderen singen alle kräftig mit.

Als das Feuer abgebrannt ist und nur noch die Glut übrig ist, springen einige Burschen über das Feuer. Die Umstehenden feuern sie an: „Na los Emil pees durch“, „Traust dich nich, Walter“, „Mensch Franz, du hast dir die Bixen versengt“, „Los Kurt, nimm mal richtig Schwung“, alle sind fröhlich, lachen, scherzen.

Die Kapelle beginnt wieder zu spielen und Leo fragt: „Na, wollen wir noch mal tanzen oder wollen wir erst in den Krug gehn und was trinken?“

„Durst hätt’ ich ja“, sagt Grete, gehn wir erst mal was trinken.“

Im Schankraum ist die Theke dicht umlagert, Männer unterhalten sich gestikulierend, einige spielen Billard.

Leo drängt sich zur Theke vor, bestellt für Grete eine Limonade und einen Kirschlikör, für sich ein Bier und einen Korn. Über die Köpfe der Umstehenden hinweg reicht er Grete ihre Getränke, nimmt seine, und sie steuern einem langen Tisch zu, an dem schon mehrere Bauern mit ihren Frauen sitzen. Unter ihnen ist auch Pillokat mit seiner Frau.

„Ja — wer kommt denn da“, ruft Pillokat, „Das is ja unser Leo mit Fräulein Grete — na sowas!“

„Vater du hier mit Mutter“, wundert sich Leo, „Du hast mir ja garnuscht gesagt, daß ihr auch hingeht!“

„Na schließlich muß ich ja unsre Mama auch mal was bieten, nich? Damit se sieht was inne Welt los is, haha. Kommt huckt euch e Weilche zu uns. Rück’ mal e Stückche, Gutzeit“, sagt Pillokat zu seinem Banknachbarn.

„Habt ihr schon getanzt?“ fragt er die jungen Leute. „Ich werd’ nachher meine Anna auch mal ’rumschwenken, wenn e Walzer kommt.“ Er stößt seine Frau derb mit dem Ellenbogen an, „was, das können wir doch auch noch!“

„Natürlich können wir das noch — das heißt, wenn du nich zu padolksch geworden bist, — aber deswegen brauchst du mich nich so doll anzubuggern.“

Grete und Leo haben inzwischen ihre Gläser geleert, von der Festwiese ist „Waldeslust“ zu hören, ein Walzer.

„Na, was is, kommt ihr mit? Wir gehn jetzt Walzer tanzen“, erhebt sich Pillokat.

Leo faßt Grete um die Taille. „Is doch klar — wie dicke Tint’, was Gretchen?“

Beim Tanzen fragt er sie, zärtlich anschauend: „Kannst mich ein bischen leiden, Gretchen?“ Grete sagt, mit Schalk in den Augen: „Nein — nicht ein bischen!“ Leo läßt sie vor Schreck los. „Nicht ein bischen??“

Halb im Flüstern sagt Grete: „Sogar sehr viel!“ Stürmisch packt er sie, drückt sie an sich und wirbelt sie herum. „Du — du — also ich weiß garnich was ich sagen soll vor Freude — rein damlich könnt’ ich vor Freude werden!“

Pillokat hat gesehen wie Leo die Grete an sich gedrückt hat und freut sich. „Klappt, — es klappt“, sagt er zu seiner Frau. „Wir kriegen die Gretchen bestimmt als Schwiegertochter. Hast gesehn wie se sich gedrückt haben?“

„Ja, hab’ ich. Weißt, ich würd’ mich doll freuen, wenn die beiden heiraten würden; son nettes Mädchen is die Gretchen. — Weißt, wir werden vorher von der Tanzfläche verschwinden, damit die beiden nachher allein sein können, ja Hermann?“

„Gut, daß du daran denkst, das machen wir“. Sie gehen zurück in den Krug.

Leo und Grete schlendern, als der Tanz zu Ende ist, zu einem Bach, der, von Erlen umwachsen, an der Wiese vorbeifließt. „Komm, hier setzen wir uns hin, ja Gretchen?“

„Wenn du meinst, — aber das wird bischen feucht sein hier.“ „Ich leg’ dir meine Jacke unter, mir ist schon sowieso zu heiß, und du kriegst keinen nassen Dups.“ Leo breitet seine Jacke aus, und sie setzen sich hin. Leo steckt sich eine Zigarette an, hält Grete das Streichholz hin. Arglos pustet sie es aus. „Weißt was jetzt gemacht hast?“ fragt Leo und versucht im Halbdunkel Gretchens Gesicht zu erkennen.

Grete schaut ihn verständnislos an. „Ja, wieso? Ich hab’ das Streichholz ausgepustet.“

„Ja, — eben!“ Leo faßt Gretes Kinn und drückt ihr einen Kuß auf. „Siehst, das hast du mir eben erlaubt.“ „Was — weil ich dir das Streichholz ausgepust’ hab’?“ Leo nickt. „Genau!“ „Na, vielleicht hätt’ ich dir das auch so erlaubt. Du hättest gar kein Streichholz gebraucht“, gluckst Grete.

„Gretchen!“ Leo wirft seine Zigarette in hohem Bogen in den Bach, nimmt Grete ganz fest in seine Arme und gibt ihr einen langen Kuß.

„Du, — ich muß immerzu an dich denken“, sagt Leo und sein Atem geht schnell, „auch in der Schule — ich kann mich gar nicht richtig konzentrieren.“ Grete schmiegt sich an ihn. „Gretchen?“

„Ja, Leo?“ „Willst mich heiraten?“ Grete richtet sich auf. „Na du bist mir vielleicht ein Schneller!! So schnell kann ich dir darauf keine Antwort geben, da will so manches überlegt sein.“

„Was gibt’s da viel zu überlegen? Du hast mich gern, ich hab’ dich gern, — das heißt, ich hab’ dich so lieb, wie ich noch keine — “

Grete unterbricht ihn: „Aha! Wieviel Mädchen hast das schon gesagt, hä?“

„Also Ehrenwort — noch keiner! Na ja, ich hab’ schon mal bischen ’rumgeschmengert, wie man das als Mann so tut. Aber eins weiß ich: Entweder du oder keine.“

„Ich würde schon ‚ja‘ sagen, aber —“

„Was aber?“

„Ich kann den Vater doch nich allein mit der Wirtschaft lassen. Was fängt der ohne mich an? Ja, wenn du zu uns auf den Hof kämst, aber du willst ja Gutsinspektor werden.“

„Ja, — wollt’ ich eigentlich. Aber das käm’ darauf an“, überlegt Leo laut, „wenn dein Vater mir den Hof überschreiben würde, — das wär’ schon was. Aus euerm Hof könnte man was machen, gefällt mir sehr. Weißt was?“ sagt er entschlossen, „ich komm' nächsten Sonntag und sprech' mit deinem Vater. Ich werde richtig, wie es sich gehört, um deine Hand anhalten."

„Ich hab' noch einen besseren Vorschlag: Kommt doch alle drei zum Kaffee. Ich werde Raderkuchen backen, und dann können wir alles bekakeln. — Ach Leo — ich hab' dich ja so lieb", sagt sie leise an seinem Ohr, und Leo nimmt sie stürmisch in seine Arme.

* * *

Am Sonntag darauf deckt Grete den Kaffeetisch, auf dem schon zwei gehäufte Teller mit Raderkuchen stehen. Ihr Vater kommt in's Zimmer, er hat seinen Anzug an, in der Hand hält er die Krawatte. „Gretche, mach' mir doch mal den Kragenknopf zu. Daß die Knopflöcher auch immer so klein sein müssen. — Bindst mir auch gleich den Schlips, ja?" Grete tut beides. „Bist doch ein gutes Marjellchen. Na, denn werd' ich wohl bald die zweite Violin' spielen", seufzt er.

„Ach Papa, red' nich so damlich! Und denk' ja nich, daß wir dich womöglich auf Altenteil schicken."

„Na — wenn man: 'Tru dem Uhl, ös uck e Voagel', sag' ich immer. — Nu könnten Pillokats auch all kommen, mich jankert schon so nach deine' Raderkuchen. Ich geh' mal 'raus kucken."

Als Dedeleit aus der Tür tritt — er jagt erst eine Schar Hühner fort, die vor der Tür lungern — sieht er schon den Wagen von Pillokats kommen. Leo hebt die Peitsche zum Gruß, als der Wagen auf den Hof rollt.

„Prrrr", läßt er die Pferde halten. Alle drei steigen vom Wagen und begrüßen Dedeleit.

„Nu sind wir schneller da als du gedacht hast, was Dedeleit", zwinkert Pillokat ihm zu.

„Das mich man bloß freut, kann ich da nur sagen", erwidert Dedeleit.

Grete kommt hinzu, etwas verlegen begrüßt sie Frau Pillokat, die ihr aber sehr herzlich die Hand schüttelt. „Guten Tag, Fräulein Grete", und etwas leiser, „ich freu' mich ja so!" „Hat Leo Ihnen erzählt?" fragt Grete leise zurück.

Frau Pillokat nickt mit dem Kopf.

Leo legt Grete von hinten zärtlich den Arm um die Schulter und drückt sie leicht an sich. „Hast gut geschlafen vorigen Sonntag?"

„Nich viel, — ich war zu aufgeruschelt, aber das macht nuscht. Wann willst du mit meinem Vater sprechen?“ flüstert sie. „Am besten nach dem Kaffeetrinken, hab’ ich mir gedacht“, gibt Leo leise zurück.

„So, nu kommt man alle ’rein, die Raderkuchen warten schon“, fordert Grete die Gäste auf.

„Oooh, Raderkuchen, die eß’ ich für mein Leben gern“ ruft Pillokat erfreut.

„Na, den schenieren Sie sich nicht und langen tüchtig zu“, lacht Grete.

Als alle Platz genommen haben, gießt Grete den Kaffee ein, der schon fertig in der Kanne unter der Haube steht. Grete und Leo sitzen nebeneinander, ein paarmal treffen sich ihre Hände unter dem Tisch, und Leo drückt zärtlich Gretes Hand.

„Möchte noch jemand Kaffee“, fragt Grete, die Kanne holend. „Herr Pillokat, nu nehmen Sie doch noch Raderkuchen, Sie sind doch bestimmt noch nicht satt?“

„Iii — ich hab’ all fünf Stück gegessen, das langt.“

„Ach, nu machen Sie sich nicht niedlich — zieren Sie sich doch nicht. Sie sagten vorhin doch, daß Sie Raderkuchen so gerne essen.“

„Na ja, tu ich ja auch. Und weil Sie die gebacken haben, nehm ich auch noch einen.“ Er nimmt einen Kuchen und ißt ihn mit drei Happen auf. „Nu bin ich aber wirklich vollgepremst, haben ausgezeichnet geschmeckt, Fräulein Grete.“

Als alle fertig sind, will Grete das Geschirr in die Küche tragen. „Wart’ ich helf’ dir“, springt Leo auf.

In der Küche kriegt Leo sie gleich zu fassen und drückt ihr einen herzhaften Kuß auf. „Du, ich bin ja so gespannt, was dein Vater sagen wird. Weiß er was?“

„Ein bischen hab’ ich ihn schon darauf vorbereitet, er weiß bestimmt was kommt; brauchst garnich lang ’rumzudrucksen.“

„Na, dann nuscht wie ran“, sagt Leo und schlägt die Faust in die hohle Hand.

„Wart’ ich hol noch paar Flaschen Johannisbeerwein aus dem Keller. Wir wollen das doch schön feierlich machen.“ „Fein, das is ein guter Gedanke. Ich helf’ dir, die Flaschen hochzubringen.“

Aus dem Keller gekommen, holt Grete Weingläser aus dem Buffet und stellt sie auf den Tisch. „Wir haben noch vom vorigen Jahr Johannisbeerwein, ich hab' mir gedacht, wir trinken ein Schlubberchen."

„Dafür sind wir immer zu haben, was Pillokat", stimmt Dedeleit zu.

Leo gießt die Gläser voll, sie prosten sich zu. Leo ist verlegen, er dreht sein Glas in der Hand hin und her, dann steht er kurz entschlossen auf, legt den Arm um Grete und sagt: „Herr Dedeleit, Sie werden bestimmt schon gemerkt haben, wir beide haben uns gern. Geben Sie mir die Gretchen zur Frau?"

Dedeleit spielt den Überraschten.

„Ja nu kuckt euch doch bloß die Krotten an — heiraten wollen se! Kaum trocken hinter de Ohren und wollen heiraten! Was sagen Sie dazu, Frau Pillokat, wollen Sie meine Gretchen zur Schwiegertochter?"

„Aber mit Freuden, Herr Dedeleit, mit Freuden!"

„Wir werden uns bestimmt gut verstehn, Frau Pillokat", sagt Grete erfreut.

„Ja, das glaub' ich auch. Was sagst du dazu, Hermann?" fragt sie ihren Mann.

„Also das hätt' ich nich gedacht, daß du, Leo, wo du immer son Ruscheldups warst, uns mal so eine Prachtmarjell anbringst!"

„Zu jedem Topp paßt eben ein Deckel", lacht Leo und er drückt seine Grete an sich.

Dedeleit steckt sich die Pfeife an, reicht auch Pillokat seinen Tabaksbeutel.

„Ja, Leo, ich geb' dir meine Gretchen. Aber . . .„

„Herr Dedeleit!" ruft Leo begeistert.

„Ein' Momank noch — da is noch ein kleiner Haken. Wie gesagt, ich geb' dir Gretche, aber sie bleibt hier auf unserm Hof. Wenn du sie haben willst, mußt zu uns kommen, mit Gutsinspektor wird denn nuscht. Ich hab' ja all gemerkt, daß ihr beide . . . na ja — ich hab' mir schon so meine Gedanken gemacht. — Also ich werd' noch vom Awißus Land zukaufen, der hatte mir schon vor längerer Zeit Land angeboten, Maschinen fehlen auch einige; und dann kannst du ja mal zeigen, was du auf der Landwirtschaftsschule gelernt hast, Leo. Wenn ich seh', daß du hier den Laden gut schmeißt, laß ich dir den Hof überschreiben. Aber das bereden wir alles genauer, wenn es so weit is. Ich werde mich dann bloß noch um den Viehhandel kümmern."

„Aber nicht mehr nach Litauen gehst, Vater", ruft Grete. „Worauf du Gift nehmen kannst! Ich werd' nur noch hier in der Gegend den Handel machen. Na, und wenn Not am Mann is, helf' ich auch mal in der Wirtschaft. Aber denkt nich, daß ich euer Plaslack werd'", droht Dedeleit scherzhaft. „Du kannst nu überlegen, was du machen willst, Leo."

„Da brauch' ich überhaupt nich zu überlegen, — wenn ich die Gretchen kriegen kann und dazu später v'leicht noch den Hof — damlich vor Freude könnt' ich werden! Komm Gretchen, jetzt kriegst du den Verlobungskuß, jetzt bist du meine Braut!"

„So, und wir wollen dann anstoßen auf unser frisch gebackenes Brautpaar", sagt Dedeleit und wendet sich noch einmal an Leo: „Denk' immer dran, Jung: ‚Der Kopf in der Ehe is immer der Mann, aber die Frau is das Mützchen — und das huckt obendrauf!"

Freude im Advent

Johann und Martha, ein älteres ostpreußisches Ehepaar, sitzen auf der Ofenbank und pellen Bohnen aus. Johann schmaucht sein Pfeifchen, Martha knabbert an einem Pfefferkuchen.

Martha: „Is gut geworden mein Pfefferkuchen diesmal, nich Johann?"

Johann: „Ja, ja, es jeht, — scheckt ganz scheen. Aber weißt, mir is all ganz labbrig im Bauch von das viele Süße. Jetzt jankert mich nach was Festem. Was meinst, Mutter, ob die Rauchwurscht all gut is? Is doch all vierzehn Tag' her wo wir das Pochelche jeschlacht' haben. Hol doch mal e Endche Rauchwurscht von de Lucht. Sei nich so gnietsch — wo mich doch so jankert!"

Martha: „Möcht' mal wissen wann dich nich nach was jankert. Mal is es e Pfeifche, mal e Bierche, denn e Grog, — und nu muß es Rauchwurscht sein. Vorhin wolltest Pfefferkuchen!"

Johann: „Ach nu kadreier nich so viel, hol mir lieber de Wurscht, krigst auch was Scheenes zu Weihnachten."

Martha: „Was werd' ich all kriegen von dir, e Schürz' oder paar Schlorren, — is doch jedes Jahr dasselbe. Und im vorigen Jahr krigd ich garnuscht!"

Johann: „Garnuscht?? Du krigsd doch — du krigsd doch — dem Deiker auch, was war das man doch gleich —"

Martha: (bissig)
„Ja, was war man das doch gleich!! Besinn' dich man! wir huckten innem Stall und warteten, daß de Kuh kalbt. Den ganzen Heiligen Abend huckten wir im Stall!"

Johann: (sich an den Kopf schlagend)
„Ach ja — richtig! Nu besinn' ich mich wieder, de Rose kalbd ja. Siehst, —ich wußt', aber du hast was gekricht, noch gerade kurz vor zwölf!!"

Martha, ärgerlich und ungeduldig:
„Na nu mach' mich doch nich verrückt, — ich hab' nuscht gekricht!"

Johann lächelt listig:
„Ein scheenes bunt geschecktes Kalbche hast gekricht — war das nuscht??"

Martha, nach Luft schnappend:

„Na, du bist mir vielleicht einer! Mich so anzuschmieren. Aber ich dumme Szutt fall auch immer wieder auf dich ’rein!“

Johann, versonnen:

„Ja, ja, schon damals vor dreißig Jahr’, bloß bist da nich auf mich ’reingefallen, du bist auf mich ’raufgefallen!“

Martha kichert hinter der vorgehaltenen Hand:

„Wenn mich nich aufgefangen hättest, wär ich doch glatt vom Heufuder innem Graben gelandet.“

Johann: War ja auch kein Wunder nich, so wie der Wagen in dem ausgeschlackerten Weg jeschuckelt hat.“

Marta, ihn liebevoll tätschelnd:

„Ja, is lang’ her, aber war doch scheen damals! — So, nu werd’ ich die Wurscht holen jehn. Vom vielen Sabbeln hab’ ich nu auch e Gieper gekricht.“

Martha steckt eine Laterne an und geht hinaus, während Johann seine Pfeife ausklopft und darin herumpolkt. Martha kommt mit einem Ring Wurst zurück und hält ihn Johann unter die Nase:

„Da — komm mal ’ran mit deinem Tuntel, — is das e Duftche, was?“

Johann: „Ui je, — Menschke, wenn die so schmeckt wie se riecht —! Na, denn fiddel mal e Stick ab, aber nich so kanpp!“

Martha schneidet ein Stück ab und gibt es Johann.

Johann: „Hm, hast fein jemacht, Marthche! Ich glaub’, du machst hier inne Umjejend die beste Wurscht.“

Martha: „Na laß man, die Barjoratsche und die Petratsche machen welche, die is auch aasig gut.“

Beide essen nun.

Johann: „Joa, joa, ‚Gistere noch frösch un jesund, un hiede scheckt all wedder‘, ha-ha!“

Martha: „Ach du immer mit deine Sprichwörters! — Was unsere Lenche wohl macht? Ein ganzes Jahr haben wir sie all nich mehr jesehn. Vorijes Jahr kam sie am zweiten Feiertag zu Besuch, da gab ihr ja die Herrschaft inne Stadt frei.“

Johann: „Ja und das Fahrgeld. Is doch e ganz scheenes Stückche bis Königsberg, — was das so kost’.“

Sigrid Lankau-Kuhr

Martha: „Du, weißt, Johann, — ich mach' mir bischen Sorjen um de Lenchen. Irjend was stimmt da nich, die Briefe sind immer so kurz, — und daß sie von ihre' Herrschaft wegjegangen is un nu im Krankenhaus arbeitet. — Ob das besser is?"

Johann: „Ii — das weiß ich doch auch nich. Aber se muß doch ihr Auskommen haben, sonst wär se doch all lang' zu Haus."

Martha: „Also da wär' unsre Lenchen viel zu stolz, kennst se doch. Ob se uns dies' Jahr wieder besuchen wird an Weihnachten? Wenn nich, denn setzt dich auf de Bahn und fährst mal zu ihr hin, zwischen de Feiertage."

Johann, entsetzt

Jetz' wo so kalt is?? De Bahn stiemt womöjlich ein unterwegs, nei — nei." Schüttelt den Kopf.

Martha: „Ach nu stell dich nich so damlich an!"

Johann: „Nu wart' doch erst mal ab — v'leicht kommt se doch, immer mit de Ruhe. Ich sag' immer ‚Alles kann der Mensch verlieren: Vater, Mutter, selbst de Bixen, man bloß de Ruhe nich'."

Matha, ärgerlich:

„Du mit deine Sprichwörters kannst einen ganz verrickt machen!"

Johann, lauschend:

„Sei mal still — hat da draußen nich was klabastert?"

Beide horchen.

Martha: „Jeh mal kucken, Johann."

Johann macht die Türe auf.

Johann: „Mutter bring doch mal de Laticht, — da is was."

Martha nimmt die Petroleumlampe und geht vor die Tür.

Johann: „Ja dem Deiker auch — was is denn das??"

Martha. „Ich werd' verrickt! In dem Korb liebt ja e kleines Kindche, e Babyche! Na aber auch all sowas! Wo kommt das nu her? Das muß doch jerade jemand hingestellt haben. — Hallo! Halloche — is da wer? Nu melden Sie sich doch!!"

Beide lauschen, es ist nichts zu hören.

Johann: „Nu sag bloß — was machen wir nu??"

Martha: „Als erstes kachel mal den Ofen noch mal tüchtig ein, damit sich das kleine Kindche nich verkiehlt. Was is es ieberhaupt, e Jungche oder e Marjellche? Kucken wir mal nach."

Während der Unterhaltung haben sie den Korb in's Zimmer getragen.

Johann besieht sich die kleinen Händchen.

Martha: „Du Dammelskopp — An de Händ' kannst ja wohl nich sehn was es is!"

Sie wickeln das Kind etwas aus.

Martha: „Is ja klar, es is e Jungche, — hat e blaues Jackche an."

Martha schaut es ganz verklärt an.

Martha: „Ach Gottchen — es sieht aus wie e Jesuskindche... Aber Mensch Johann, was machen wir nu mit ihm? Wir wissen nich mal wie es heißt."

Johann: „Ob v'leicht e Zettel im Korb is?"

Beide suchen nach.

Martha: „Nei, is kein Zettel drin, nu wissen wir nich mal, wie das Jungchen heißt."

Von der Tür her kommt eine zaghafte Stimme.

Lenchen: „Es heißt Kurt."

Beide fahren erschreckt herum.

zusammen: „Lenchen, du?? Is das amend dein Kind?"

Lenchen, stolz:

„Ja, das is mein Kurtchen!"

Johann mit drohender Stimme:

Und wo is sein Vater, hä?"

Lenchen: „Sein Vater steht draußen."

Johann: „Soll er 'reinkommen, der Lachudder der!"

Lenchen: „Is kein Lachudder!! Komm 'rein, Karl."

Karl tritt schüchtern ein.

Karl: „Guten Abend denn auch."

Johann: „Guten Abend is gut — ich könnd mich damlich lachen!"

Lenchen: „Nu laßt euch doch erst mal erklären."

Martha: „Ja Vater, nu laß doch erst mal Lenchen erzählen, was se zu sagen hat."

Lenchen legt den Arm um Karls Schulter:

„Ja, also wir lernten uns schon vor anderthalb Jahr' kennen, und bald hatten wir uns gern. Na ja — und wie das so is — bald hatten wir uns lieb, na ja (verlegen) und wie das denn so is, — dann kam eben das Kurtchen an."

Johann mit leicht drohender Stimme:

„Und was is mit Heiraten??"

Lenchen: „Ach, wir hätten ja längst geheiratet, aber der Karl is doch im Polnischen geboren und hat seine Papiere so lang' nich bekommen. Vor drei Tagen nu kamen se endlich, und wir haben gleich das Aufgebot bestellt in Königsberg."

Johann: „Na euer Glück auch! Wann wird denn nu jeheiratet'?"

Lenchen: „Das wollten wir ja gerade mit euch besprechen. Standesamtlich heiraten wir in Königsberg, am 18. Dezember. Aber wir haben gedacht, daß wir bei euch noch eine kleine Feier machen. Kirchliche Trauung is ja nu wohl nich mehr drin — wo doch das Kurtchen da is."

Martha: „Nei, nei, das habt ihr euch ja verspirrt. Aber e kleine Feier könnten wir schon machen. Die könnt' doch Sonntag vor Weihnachten sein, was Vater? Die Gänse werden sowieso jeschlacht' und e Truschbockche könnten wir auch noch schlachten, Rauchwurscht haben wir und Blut- und Leberwurscht außem Weckglas, zu Essen is jenug da. Wir könnten de Tante Frida und Onkel Arthur einladen, der is dein Patenonkel, Lenchen, deine Cousine Gerda mit ihrem Mann, denn seid ihr nich so allein mit uns alte Knackers."

Lenchen protestiert:

„Ach Mamachen, ihr und alte Knacker! Aber dann seid ihr einverstanden, ja?" Beide nicken. „Na Karl, hab' ich dir nicht jesagt, daß alles gut gehn wird?"

Karl nickt freudestrahlend.

Johann: „Was is mit deinem Karl? Is der amend stumm? Der sagt ja keinen Mucks nich."

Karl: „Nei — nei, ich bin nich stumm, — ich bin bloß sprachlos was die Lenchen für gute Eltern hat. Ja, also denn möcht' ich mich bei euch ganz herzlich bedanken.

Das wird mein schönstes Weihnachtsfest: Die Lenchen krieg' ich, das Kurtchen hab' ich schon, und nun bekomm ich noch so prächtige Schwiegereltern!"

Johann: „Na Mutter siehst, hab' ich nich jesagt, daß du was Scheenes zu Weihnachten krichst? Im vorijen Jahr war es man bloß e Kalbche, in diesem Jahr is es all e Schwiegersohn und noch e munteres Enkelchen dazu. Was willst mehr?"

Mein Lexikon

Viel Wörter stehn im Lexikon,
doch meine stehn nicht drin;
darum geb' ich heut' eine Lektion
aus Wörtern, die nach meinem Sinn.

Ich fange mit „A" an, wie sich's gehört,
ich fühl' mich „aasig" gut — was mich nicht stört!
Doch stört im Sommer ein „Biswurm" die Kuh,
dann „bölkt" sie, und tut biszen nu.
Einen „Butsch" gab ich Papa für die „Bunte Tut",
und war ich mal „boßig", dann plinst' ich vor Wut.
Mit „C" gibt nuscht, drum mach' ich weiter mit „D".
Auf „Damlack", auf „Dubbas" und „Dittchen" ich steh.
Und „dreibastig", das Wort find' ich schön,
und nun kann es mit „E" und mit „F" weitergehn.
„Einschuschen" tat mich einst Mutter im Schlaf,
und „Fleck" aß ich als Kindchen ganz brav.
Ein Huhn hatte „Flochten", das Holz tat man „fleihn",
auf „Glums" konnten „Gissel" „gieprich" sein.
Die „Gnoszen" „gnidderten", taten „Heemskes" sie zergen,
und „hubberte" uns,
konnten die Hände in den „Handschkes" wir bergen.
Wir „kabbelten" uns und „kalberten" rum
und kriegten „Kattun" von Mutter darum:
„Ihr ‚Kräten', ihr ‚Kruppzeug', ihr kriegt keinen ‚Kumst'",
ihr ‚Lachhudder' habt mir die ‚Hotzen' verhundst!"
Sie „kalbeekte" wenn wir „Kruschkes" mal klauten,
oder aus Bretter ein feines „Kaburrchen" uns bauten.
Und Omchen „kraggelt" rauf auf die „Lucht"
und sich ein „Kodder" aus der „Flickerzich" sucht.

„Lorbaß", das fängt ja an mit „L",
und wo ein „Lorbaß" ist, ist meist 'ne „Marjell".
Einen „Mutzkopf", wer hat den als Kind nicht gekricht,
und meinte man „nuscht", dann sagte man „nuschtnich".
Den „Meschkinnes" kennt man auch hier schon zu Land,
doch wird er vornehm nur Bärenfang genannt.
Mit „O" fällt mir nur „ohjahnen" ein;
man „ohjahnte" wenn man „molsch" war und schlief bald ein.
Über „Pareezkes", „Pacheidel", „Pungel", „plachandern"
wollen wir nun zum „R" weiterwandern.
„Rabauken" die gibt es und manche „Rachachel",
beinah' hätt' vergessen ich noch die „Pischkachel"!
Mit „S" gibt's viel Wörter, nun gebet acht
was wir für hübsche Wörter gemacht.
Ich „schabber" von „Schmand",
von „Schlunz" und von „Schlorren"
von „schichern", von „suckeln",
von „Schlunz" und von „schorren"
von „schweiweln" und „schmirjeln",
von „schurjeln", „Spacheister",
ach Gottchen — das geht ja geschmiert wie mit Kleister!
Nun brauchen wir auch noch Wörter mit „T". —
Der „Tuntel" tut beim Schnupfen mir weh,
dem „Truschbock" vorm Schlachten „tachtelt" man übern „Deez",
beim Zuprosten „tibbert" man an mit dem Glase stets.
Die Eule ist 'ne „Uhl", und die „Uhlenflucht" gar
für uns Kinder immer so „schuchrig" war.
„Verspaakt" war die Kehle wenn wir hatten Durst,
„verbeisert" wir waren meist auf die Wurst.
Nun sind wir schon beim „W" angekommen. —
An der „Wischkoll" wurde man vom Lehrer genommen,
ich „weimerte", wenn die Jungens ein „Wabbelchen" quälten
und freute mich,
wenn mit dem Stein sie den „Wippzagel" verfehlten.
Nun sind wir schon angelangt beim „Z",
und mein Lexikon ist beinahe komplett.
Da haben wir eine „Zippel", das ist eine Zwiebel,
und nun muß ich sagen, das ist gar nicht übel,
wenn den „Zagel" ich ganz am Schluß hänge an,
denn der Ziegel ist immer nur hinten dran.

Ostpreußen-Potpourri

Melodie:

Es gibt in Volkes Munde der Märchen ohne Zahl,
ein jedes in der Runde beginnt: Es war einmal,
wir wollen in Gedanken zu Haus' spazieren gehn,
ich sag's mit schlichten Worten
„Wie war es einst so schön."

Aus dem Reiche des Indra, v. Paul Lincke

Wo vor vielen Jahren unsre Wiege war,
wo sich Elche tummelten und Adebar,
wo man Wälder, Seen sah und weites Land,
da ist unsre Heimat — das Ostpreußenland.

Haffes Welle

Schön ist unser Heimatland, jumheidi...
und in aller Welt bekannt, jumheidi...
Wer nie bei uns zu Haus' war Gast,
der hat im Leben was verpaßt, jumheidi...

Schön ist ein Zylinderhut

Wunderbar, wunderbar,
bei uns die Gastfreundschaft war,
und Nötigen mußte sein,
dann hauten alle rein,

Wunderbar...

mal in Rauchwurscht oder Schinken,
mal tat auch ein Klopschen winken,
Karbenade, Glums und Speck,
oder auch ein Schalchen Fleck.
War ein Kuijjel mal geschlacht'
wurd auch Grützwurst noch gemacht,
an die Leberwurscht kam ran
stets ein Haufchen Majoran.

Auf de schwäbische Eisenbahn...

Und die Leberwurscht, die Gute,
wurd' auf den „Pillkaller" gelegt,
ob ihn mittags trankst, ob abends,
er hat dein Gemüt bewegt —

Eine Seefahrt die ist lustig

ja, was ein echter Ostpreuße war,
der konnte was vertragen,
die Gurgel und der Magen,
und dieses kann man auch noch heut',
ja, Ostpreußen sind besondre Leut'.

Ja, wenn man so eine Musik hört

Und Feste, die wurden gefeiert ganz toll,
heideldideidel...
der Vater der schöppd sich die Klumpen meist voll,
heidel...

Beim Kronwirt

ein Grog und ein Kornchen,
Meschkinnes und Bier,
dann warst du in Stimmung bis morgens um vier...

Schneewalzer

Wenn im Winter dann lag Schnee,
zugefroren Teich und See,
Schlittenfahrten durch den Wald
gab es, wenn's auch noch so kalt.
Einen heißen Ziegelstein packte Mutter uns hinein,
in die Pelzdeck unters Fell,
und die Pferdchen trabten schnell.
Ja im Schnee, Schnee, Schnee
war unsere Heimat schön,
hat es auch gestiemt, angeforn die Zehn,
ja, den Schnee, Schnee, Schnee,
den liebten alle wir,
ja, der Winter, der machte
uns Kindern ja so viel Pläsir.

Das war
ein Supersommer...

Am schönsten war's im Sommer,
in jedem Augenblick,
wenn Roggenfelder reiften,
und wir dann im Vorübergehn
die prallen Ähren streiften:
Der Sommer, die Heimat und du,
gehörten dazu, (uuuu)
Der Sommer, und der Himmel so blau,
und die Luft so lau, und wir wissen genau:
Ob im Masurenland, oder am Ostseestrand,
der Memel grauen Flut,
Heimat — was warst du uns gut!
Ob wir vom Ermland sind,
ein Königsberger Kind,
ob wir vom Spirdingsee,
Heimat — ist niemals passè ..

...denke, die
Märchen beginnen
alle:
Es war einmal

Wenn auch die Jahre enteilen
bleibt die Erinnerung doch,
laßt in Gedanken uns weilen
in unserer Heimat noch oft.
Wir, die wir Ostpreußen lieben,
laßt uns zusammenstehn,
unsere Heimatliebe
kann man uns niemals nehm'n!

Heimatmelodie

Ich geh' denselben Weg jeden Tag,
ich schaue voll Sehnsucht nach Norden:
Wie's in meiner Heimat jetzt wohl aussehen mag,
was ist aus Vertrautem geworden?
Ein Vogel fliegt von Norden her —
der Kranich ist's. Bringt Kunde er?
Ich lausche auf den Flügelschlag,
was er mir wohl sagen mag?:

„In deiner Heimat Fremde sind,
wo du gespielt einst hast als Kind,
und eine andere Sprache man spricht —
doch diese Sprache verstehst du nicht.

Ich sah des Flusses silberne Wellen,
sie umspülten die kleine Insel sacht,
in den Büschen tanzten blaue Libellen,
und der Wald hielt still die Wacht.
Über ein Feld ging weiter mein Flug,
das einst das Korn für euch wohl trug.
Es wiegen sich dort heut' keine Ähren mehr,
das Feld ist verlassen, öd und so leer.

Nur über Steppe weht der Wind,
wo du gespielt hast einst als Kind,
der Wind die gleiche Sprache noch spricht,
doch seine Sprache hörst du hier nicht."

Der Vogel flog weiter und ich stand allein,
die Augen blind voller Tränen.
Ach, könnte frei wie ein Vogel ich sein,
ich würde stillen mein Sehnen:
Ich schwänge mich hoch hinauf in die Luft,
durch Sturm und Wind, schnell wie ein Pfeil,
und über Grenzen die ihr Menschen schuft
ich zu meiner Heimat eil'.

Hier nun ich meine Ruhe find',
wo ich gespielt hab' einst als Kind.
Mein Mund auch heut' deine Sprache noch spricht —
Heimat du mein — ich vergesse dich nicht.